No se disguste por pequeñeces

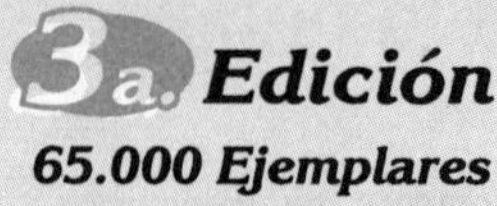

3a. Edición
65.000 Ejemplares

Apostolado Bíblico Católico

ESTE LIBRO SE CONSIGUE EN:

DISTRIBUIDORA LATINO
Av. Miguel Prostella.
Galerías El Dorado
Local No. 12 PANAMÁ
Tel.: 3644627
REPÚBLICA DE PANAMÁ

LIBRERÍA CATÓLICA ATENAS
Calle Atenas D. 122
Bayamón - PUERTO RICO
00959

LIBRERÍA DIVINO NIÑO JESÚS
San Jorge, 357 Santurce
PUERTO RICO - 00912
Tel: (809) 728-5207

LIBRERÍA CATÓLICA LA INMACULADA
Calle Celis Aguilera No. 72
Tel: 787-2584735
Caguas - PUERTO RICO
- 00725

LIBRERÍA CATÓLICA ANAWIN
Arecibo - Bayamón - Moyaguez
San Juan - PUERTO RICO

LIBRERÍA SAGRADA FAMILIA
Av. De Diego 555. Puerto Nuevo
00920 Tel: 787-793-6802
San Juan - PUERTO RICO

LIBRERÍA SAN PEDRO CLAVER
Tel: 7183530956
NEW YORK, U.S.A.

EDICIONES DON BOSCO
Tel: 5357557 - MÉXICO D.F.

PARROQUIAL DE SAN ANTONIO
Diag. San Antonio 1931 A - Col. Narvarte
Tel: 530 78 77
México D.F. - MÉXICO

ALMACENES UNIDOS
Tel: 554444 - San José
COSTA RICA

NUEVA LIBRERÍA PARROQUIAL DE CLAVERIA
S.A DE C.V - FLORESTA # 79
COL. CLAVERIA
DELEGACIÓN
AZCAPOTZALCO
C.P 02080 - MÉXICO, D.F.

Para envíos al exterior hacer los pedidos a: **HERNANDO NEIRA**
Cra 50 No. 52-126 Of. 405 - Fax: (4) 571 85 52
Medellín - Colombia

ISBN 958-654-033-2

3a. Edición Noviembre de 2006
15.000 ejemplares impresos en la
Editorial Centro Don Bosco
Av. ElDorado No. 69-96
Bogotá D.C. - Colombia

¿Para qué amargarse más de lo necesario?

Cada vez que nos llegan malas noticias, o tenemos que tratar con personas difíciles, o nos vienen decepciones de cualquier clase, la mayoría de nosotros reaccionamos de manera exagerada, negativa y dañosa, y le concedemos a ese asunto una importancia mucho más grande de la que en realidad tiene.

Cuando se nos oponen pequeños inconvenientes en el camino de la vida, fácilmente nos irritamos, nos ponemos de mal humor, les amargamos la vida a los demás, reaccionamos exageradamente y nos sentimos frustrados al creer que aquel obstáculo nos impide obtener lo que queremos.

Ante una dificultad no demasiado grande perdemos de vista la visión general del campo de nuestra existencia, le concedemos exagerada importancia a lo negativo y fastidiamos con nuestras amargas reacciones a personas que podrían ayudarnos.

En resumen, tenemos el peligro de vivir nuestra existencia como si se tratara de una cadena interminable de asuntos de extrema gravedad y peligro. Frecuentemente **estamos preocupados y hasta amargados por cosas**

y obligaciones que nosotros mismos nos hemos impuesto, sin que hayan sido Dios o la sociedad quienes nos han puesto esas obligaciones. ¿Que tengo que terminar esto en tal plazo preciso...?... ¿Que esa obra debe tener esos mínimos detalles?, etc. Y nos colocamos una camisa de fuerza fabricada por nosotros mismos. Y nos obligamos a viajar por sobre unos rieles construidos por nuestros propios caprichos.

Y como todo nos parece tan grave y cuestión de vida o muerte, **convertimos nuestra existencia en una cadena de dramas** que hay que resolver. Y nos empezamos a poner plazos y a creer que los problemas hay que resolverlos rapidísimamente y por completo.

Este libro tiene por fin enseñar a enfrentarse a los problemas, aun a los que parecen insuperables, de un modo sosegado, despacioso y sin amargura, de manera que aun aquellas situaciones que nos parecen extremadamente graves no logren llenarnos de estrés y de angustia.

Trataremos en estas páginas de enseñar a la gente a relacionarse con la vida de cada día de una manera suave, serena y hasta alegre. A reemplazar las antiguas costumbres de reaccionar con rabia, tristeza y amargura ante las dificultades, por unos modos tranquilos y pacíficos de proceder.

Una respuesta tranquilizadora. El profesor Wayne Dyer le redactó un prólogo de felicitaciones a un libro del escritor Carlson. Y éste en un segundo libro que publicó se atrevió a colocarle el mismo prólogo del anterior sin pedir permiso para ello a Dyer. Después se asustó y le envió un mensaje pidiéndole excusas por semejante atrevimiento. La respuesta del famoso psicólogo fue ésta: «Mi amigo, NO SUFRA POR PEQUEÑECES. NO SUFRA POR PEQUEÑECES». La mayor parte de las cosas que nos hacen sufrir son... pequeñeces. Qué buen lema sería éste para muchos de nosotros. No sufrir por pequeñeces. Recordar la frase del sabio Pascal: «Tanto más pequeñito es el carácter de una persona, cuanto más pequeñitos son los problemas que logran ponerle triste y de mal genio».

Las estrategias. En la guerra y en cualquier campaña política o comercial o de otra índole se llama estrategia el arte de dirigir convenientemente las operaciones que se van a hacer. En este libro queremos dar una serie de estrategias para saber reaccionar debidamente ante las dificultades y contrariedades, grandes o pequeñas, que se vayan presentando durante el día.

Los métodos que vamos a recomendar en estas páginas han sido ensayados ya por más de diez años entre numerosas personas y han producido muy agradables resultados.

Son estrategias sencillas que nos ayudarán a luchar contra corriente en la vida, pero sin oponernos de frente a la tormentosa corriente, sino enfrentándola de sesgo, como hacen los expertos balseros cuando quieren atravesar un río peligroso y bravío.

Y cuando ya «**no suframos por pequeñeces**» nuestra vida habrá adquirido una paz envidiable y hasta la salud del cuerpo saldrá ganando. Cuando logremos aprender a «dejar pasar» los problemas, en vez de resistirlos con rabia y tristeza, vamos a ahorrar muchísimas fuerzas que íbamos a gastar inútilmente.

Nuestra oración preferida debería ser aquella compuesta el siglo II, que dice así:

«Señor, ayúdame a cambiar las cosas que sí puedo cambiar.

Señor, ayúdame a aceptar las cosas que no puedo cambiar.

Y enséñame a distinguir la diferencia».

LUEGO ENSEGUIDA
EL NECIO,
ESTALLA EN IRA.
PERO EL PRUDENTE SABE
SUFRIR CON PACIENCIA

(S. Biblia, Proverbios)

1

Muchas cosas que nos hacen sufrir son pequeñeces

Si examinamos con atención las cosas que nos hacen alterar y rabiar, veremos que en realidad **no son tan tremendas.** Nos obsesionamos por problemas pequeños y los volvemos más grandes de lo que son. Por ej., que **otro auto nos cerró el paso.** En vez de dejarlo pasar tranquilamente le soltamos qué palabrota y en lo interior pensamos que sí se merecía el otro el tal insulto. Y hasta le comentamos al compañero o amigo la rabia que tuvimos, y murmuramos contra el atrevido que se atrevió a cerrarnos el paso.

¿Por qué no cambiar de táctica y dejar que el otro por sus carreras sufra el accidente en otra parte? Pensemos más bien con compasión acerca de lo triste que es la vida para un individuo como él que viaja con tantísimas prisas. ¿Y si va manejando con una angustia espantosa? ¿Quién lo sabe? ¿Para qué meterse a juzgar al prójimo? ¿O es que perdimos mucho con dejarlo pasar?

Cadena de pequeñeces. Cada día nos llegan pequeñas contrariedades. ¿Que tenemos que hacer una larguísima cola para que nos atiendan en una oficina? Decían los enemigos políticos que en Cuba un hombre fue a comprar un par de zapatos y la cola para comprarlos era de una cuadra. Fue a comprar carne y la cola para eso era de cuatro cuadras. Disgustado, se fue a su casa, tomó un revólver y le dijo a la mujer: «Me voy a matar a Fidel Castro». Poco después volvió y la mujer le preguntó: «¿Por qué no lo mató?» -Es que la cola para matarlo era como de veinte cuadras.

Para todo hay que hacer cola ahora en las ciudades. Así es, ¿y acaso es que eso va a cambiar porque rabiemos por ello?

¿Quién no tiene que soportar críticas injustas o tratos llenos de frialdad de quienes trabajan a su alrededor? Nos vamos a bañar en la ducha y ¡zuás!, se resbaló el jabón y se fue al suelo... Suspiramos, lo recogemos y seguimos cantando mientras nos bañamos... Al amarrarnos un zapato, ¡zuás!, se rompió el cordón... Silbamos un poquito y seguimos adelante... Y si no nos disgustamos por pequeñeces, viviremos más años y los viviremos más felices.

Nuestro caracter
es tanto más debil,
cuanto menores son las cosas
que nos hacen disgustar ***(Pascal)***

No sea perfeccionista

Yo no he conocido ni siquiera un solo perfeccionista que sea feliz, y que goce de paz interior. Siempre que nos empeñamos en que las cosas deben ser perfectas y sin errores de ninguna clase, nos hallamos trabados en una batalla que ya está perdida.

Muchas veces en vez de contentarnos con estar agradecidos por todo lo bueno que nos rodea, nos dedicamos a amargarnos la vida observando los defectos y lo negativo de aquello que sucede y de aquellos que nos rodean y que según nosotros debe corregirse. Cuando nos centramos en lo negativo ya estamos insatisfechos y descontentos.

El darle mucha importancia a la imperfección **nos aleja del ideal que deberíamos tener, que es el de ser alegres, amables,** optimistas y bondadosos. Así por ej., que una habitación esté desordenada, que le dieron un rayón al auto, que tenemos unos kilos de más y desearíamos no tenerlos, que aquél maneja el auto de manera indebida, que la otra persona se comporta de un modo que no nos gusta. Si vivimos pensando en esos detalles nos amargamos la propia existencia.

Esta estrategia que aconsejamos no significa que tenemos que hacer las paces con el desorden o con lo que está mal hecho, pero **lo importante es no conce-**

derle a todo eso mayor importancia de la que se merece; no centrarse obsesivamente en eso negativo para vivir pensando en ello. Convencerse que aunque es verdad que las cosas pueden y deben ser mejores, no por eso dejaremos de disfrutar y apreciar lo bueno que nos rodea.

La solución está en detenerse cuando llega la obsesión y la idea fija de insistir en que las cosas deben ser diferentes de como son. Con optimismo y generosidad recordarse a sí mismo que la vida está bastante bien así como está. Que la crítica negativa arregla muy poco la situación y daña muchísimo el propio sistema nervioso y aleja la alegría de la vida de uno. Lo que se puede mejorar se irá mejorando poco a poco, sin afanes ni asperezas, y lo que no se puede cambiar se deja así, sin dedicarse a darle cabezazos a esa muralla que se llama «imperfección», porque a ella no la vamos a lograr quitar, pero a nuestra cabeza sí la podemos descalabrar. No olvidemos nunca el antiguo refrán: «Lo óptimo es enemigo de lo bueno».

Lo óptimo es enemigo de lo bueno.

3

Abandonar la idea de que los pacíficos y amables no pueden llegar a ser triunfadores

Una de las causas por las cuales nosotros pasamos la existencia en medio de tensiones, afanes y combatividad, es la falsa creencia de que si nos volvemos pacíficos, amables y conciliadores, no vamos a llegar a obtener verdaderos triunfos. Nos parece que ese modo de obrar nos volvería perezosos, apáticos y desganados.

Precisamente la verdad es todo lo contrario. Porque el miedo, el disgusto y la precipitación queman una cantidad enorme de energía y agotan la creatividad y la motivación en nuestra vida. Cuando estamos atemorizados y por ello desequilibrados nerviosamente, estamos frenando las mayores fuerzas de la personalidad y acabando con la alegría de nuestro vivir.

No olvidemos que los más grandes éxitos de nuestra vida los hemos conseguido a pesar de nuestros miedos y nerviosismos, y no por causa de ellos.

Hemos conocido muchas personalidades pacíficas, amables, bondadosas, que han logrado verdaderos triunfos en lo económico, en lo artístico, en lo familiar y en lo religioso. Han conseguido muy buena habilidad en su profesión y son gente que se siente realizada en lo que hace. Pero se han conservado en paz y sin amarguras.

La vida nos enseña una lección: que si alguien logra obtener la paz interior y vivir sin agresividades, le queda más fácil centrarse en sus objetivos, conseguir lo bueno que desea y ofrecer más felicidad en el trato con los demás, y verse libre de conflictos y contrariedades. Y se seguirá cumpliendo lo que anunció Jesús: **«Dichosos los mansos, porque ellos poseerán la tierra».**

Dichosos los pacíficos porque ellos serán llamados hijos de Dios.

(S. Biblia, Mt. 5)

4

Convencerse de lo peligrosos que son los pensamientos negativos

Una técnica muy eficaz para convertirse en alguien de buen humor y de espíritu tranquilo, es convencerse de que los pensamientos negativos y de inseguridad, si los aceptamos pueden fácilmente escapar de nuestro control y esclavizarnos, haciéndonos mucho daño. Recordemos de vez en cuando lo tensos que nos hemos puesto cuando nos hemos llenado de pensamientos negativos, de miedo, de inseguridad, de pesimismo.

Y lo peor de todo es que cuanto más alguien se concentra en los detalles negativos de la vida que le disgustan, tanto peor se siente.

Un pensamiento negativo trae otro, y ese trae a un tercero, hasta que de un momento a otro se apoderan del ánimo y lo llenan de una agitación insoportable.

Por ejemplo. Se despierta a medianoche y recuerda que tiene que hacer una llamada telefónica importante. Este recuerdo en vez de dejarlo descansar lo pone a pensar en la posible respuesta negativa que le van a dar y en su reacción ante ello... etc. Una idea negativa fue y se trajo a otra y empiezan a atormentar el espíritu.

Alguien se pone a pensar en lo terriblemente ocupado que está. En las llamadas que le quedan por hacer. En las diligencias que tiene pendientes. Y se dice: «Estoy demasiado ocupado... Pero, ¿qué vida es ésta? ¡Ya no resisto más!». Y comienza a sentir lástima de sí mismo. Y le llega la autocompasión, que es la fuente de todas las depresiones. Y los pensamientos negativos siguen llegándole uno tras otro hasta que le apachurran.

Muchos de los que van a consulta con el psiquiatra, le dicen: «Es que los pensamientos negativos, las preocupaciones, los miedos, las tristezas, me llegan de día y de noche. Me paso la vida pensando en eso». Y claro está: resulta imposible ser feliz si se tiene la mente llena de esas avispas ponzoñosas que son las ideas pesimistas.

La bola de nieve. Cuando de un nevado se desprende una pequeña bola de nieve y empieza a rodar loma abajo, se va engrosando y creciendo cada vez más hasta convertirse en un alud que destroza todo lo que encuentra. Así pasa con las preocupaciones. Si al darse cuenta que empezaron a llegar a la mente no se les detiene a tiempo, y no se cambian por pensamientos positivos, terminarán arrollando y acabando con la alegría y la paz. Es necesario reemplazarles por pensamientos de alegría y de optimismo. ¿Que hay que hacer una llamada? Sí... pero de la respuesta que me den me encargo cuando me llegue, no ahora.

Cada vez que nos llegue un pensamiento negativo a la mente hay que decirse a sí mismo: «¿Otra vez con la misma cantaleta? ¿Que tengo demasiado trabajo? ¿Que me van a contestar mal? ¿Para qué quiero pasar los puentes antes de llegar a ellos?». Cada cosa la iré haciendo despacio una tras otra sin afanes. ¿O es que se va a acabar el mundo porque yo no haga todo eso? El día que me muera el mundo seguirá igual o quizás mejor, ¿y todavía sigo preocupándome como si aquello que deseo hacer fuera una tragedia si no lo hago ya?

En vez de encolerizarse por ser una persona demasiado ocupada, lo que hay que hacer es alegrarse porque nos sobra oficio. Lo más aburrido del mundo sería no tener nada qué hacer. Eso sí sería para llenarse de tedio y de aburrimiento.

Cuando nos sintamos demasiado preocupados por las muchas ocupaciones que tenemos que hacer y que quizás no alcanzamos a realizar por ahora, recordemos que los cementerios están llenos de gentes que se creían demasiado ocupadas y que no podían dejar para más tarde tantas ocupaciones. Ya se murieron y el mundo ha seguido progresando. Un día seremos nosotros los que nos iremos a la eternidad y la pesadilla de tanto afán por hacer demasiado pronto lo que creíamos que debíamos hacer no nos habrá servido sino para enfermarnos de los nervios y para envejecernos antes de tiempo.

5 Aprenda a compadecerse de los demás

Compasión significa: **«sufrir con el otro».** La compasión es un sentimiento de amor y de comprensión. Quiere decir: colocarse en el lugar de la otra persona; imaginarse los apuros que sufre otro ser humano y sentir cariño y misericordia hacia él. Sentir que los padecimientos que están sufriendo los demás son tan reales como los nuestros y a veces peores. Este sentimiento ensancha nuestro corazón y nos empuja a tratar de ayudar en cuanto sea posible.

Maneras de ayudar. La palabra «misericordia» significa «corazón que compadece al miserable». Jesús decía: **«Dichosos los misericordiosos, porque ellos alcanzarán misericordia».** Quien siente compasión por los que sufren, trata de ayudarlos con dinero si es posible, o dándole un poco de su tiempo, o recomendándolos a alguien que les pueda ayudar, o por lo menos mostrándose amable y comprensivo en su modo de tratarlos.

No interesa que no podamos hacer grandes cosas por ellos. A nadie le obliga hacer lo que no puede hacer. Pero lo importante es que lo que hacemos por los que sufren lo hagamos por amor de caridad. La madre Teresa de Calcuta repetía: «No podemos hacer grandes cosas en esta tierra. Pero que las cosas pequeñas que hacemos, las hagamos con gran amor».

Algo que produce gratitud. El contemplar las miserias y los padecimientos de los que sufren debe llevarnos a darle gracias a Dios por todo el bien que nos ha dado a nosotros. La vista de un ciego nos mueva a agradecerle al Señor los ojos que nos ha concedido. Al ver a un paralítico en su silla de ruedas, a otro en muletas, o a un tercero con un brazo enyesado, elevemos el corazón al Creador y démosle gracias porque podemos movernos libremente. Cuando tratemos con alguien que está desempleado o debiendo arriendo o sin con qué comprar los medicamentos que necesita, recordemos el trabajo o empleo que Dios nos dio, el sueldo que estamos ganando, los bienes materiales de los cuales disfrutamos, y démosle gracias al buen Dios. Y se cumplirá en nosotros lo que anunció el profeta: **«Quien agradece a Dios un favor, obtendrá que se le concedan muchos favores más».**

La tristeza y la preocupación no sirven para nada bueno sino para enfermarlo a uno.

(S. Biblia, Libro Eclesiástico)

6

Recuerde que cuando usted se muera puede tener todavía muchas cuestiones pendientes

Muchos de nosotros vivimos tan llenos de afanes como si lo más importante del mundo fuera terminar pronto lo que tenemos que hacer. Por eso nos vamos a dormir tarde, nos levantamos temprano, dejamos de dedicarnos a sanas diversiones y hasta quitamos tiempo a estar con nuestros familiares.

Y lo más grave es que algunos dejan de dedicar tiempo a sus familiares por unos periodos tan largos, que al fin ellos pierden el interés por su trato y amistad porque se consideran echados a un segundo plano. Conozco a un papá que dedicaba tanto tiempo a viajes de negocios y tan poquito a estar con su familia, que cuando alguna vez se estaba tres días en el hogar, los niños empezaban a preguntar: -¿Mamá, y cuándo es que se va nuestro papá? Esto lo hizo reflexionar y disminuyó el tiempo de sus viajes y aumentó el que dedicaba a la familia, no fuera que el día menos pensado ya sus hijos y su esposa perdieran el cariño hacia él.

¿Y si fuera transitorio? Muchas veces nos imaginamos que esta obsesión por terminar pronto la lista de cosas que tenemos que hacer va a ser algo transitorio y que una vez completemos esa lista, ahí sí nos vamos a dedicar a estar tranquilos y a dedicar tiempo al hogar, y a estar serenos, relajados y felices. Pero la realidad casi nunca es así, porque a medida que vamos tachando unas cosas por ya cumplidas, vamos añadiendo otras y otras y la lista se vuelve interminable.

Una carpeta llena. Muchos se imaginan que si su «carpeta de cuestiones pendientes» está muy llena, eso es señal de que son personas muy importantes. Que son personajes muy solicitados. Por eso les parece que siempre debe haber llamadas para hacer o para responder, proyectos por acabar y trabajo por realizar.

Sin embargo, es necesario convencerse que nada en el mundo es más importante que la propia felicidad, la paz interior y el dedicar el debido cariño a la familia. Si vivimos obsesionados por acabarlo todo y resolver completamente las cuestiones pendientes, nunca tendremos la sensación de tranquilidad y de satisfacción.

La realidad. Lo cierto es que casi todo lo que nos afana **puede esperar.** Son muy pocas las cosas que pertenecen a la categoría de «urgencias». Los especialistas en salud nerviosa aconsejan que lo mejor es ir resolviendo caso por caso, como si fuera el único, sin afanarnos por el siguiente. Cuando a él le llegue el turno le dedicaremos toda nuestra atención, y así no quemaremos energías inútilmente.

Algo que no es necesario. Yo he descubierto algo que me he propuesto recordarme frecuentemente: que **en la vida no es necesario hacerlo todo,** sino hacer cada asunto con la mayor tranquilidad y disfrutar del gozo de pasar calmadamente el presente, brindando afecto, alegría y buen genio, y controlando la obsesión de querer acabar por completo la lista de las cosas que quedan por hacer.

Hay que recordar que cuando nos muramos aún quedará una larga lista de cosas por hacer y de asuntos por resolver. ¿Y qué sucederá? Que otras personas las harán en reemplazo nuestro, o si no se hacen, no por eso se va a acabar el mundo. De todos modos lo que sí nos hace enorme daño es vivir preocupados por no lograr completar nuestra lista de cuestiones pendientes por hacer.

"No se afanen por el día de mañana. A cada día le basta su propio afán".

(Jesucristo)

No interrumpir a los demás ni completar sus frases

Apenas hace unos pocos meses vine a darme cuenta que yo interrumpía a los demás cuando ellos hablaban y que trataba de completar sus frases, con lo cual me estaba volviendo bastante antipático en mi conversación. Y logré darme cuenta de lo destructiva que resulta ser esta mala costumbre, pues además de ser una falta de respeto a los otros, y un cortar de un tajo su conversación e impedirles seguir contando lo que estaban narrando, me resulta una tremenda pérdida de mis energías, porque me obliga a pensar con dos cabezas al mismo tiempo, la mía y la de la persona que me está hablando.

Pensémoslo bien y seriamente por un momento. Cuando interrumpimos lo que alguien estaba diciendo y completamos sus frases, no sólo tenemos que pensar en lo que vamos a decir, sino en aquello que el otro iba a afirmar o a contar.

Lástima **que este defecto es tan sumamente común** entre la gente que conversa. Y lo peor es que pone nerviosas a ambas personas, y las irrita y fastidia. «Mira el vestido nuevo que me compré» -»Ah, sí, los están ofreciendo en las ventas callejeras...». «¿Ves el nuevo auto que me conseguí? -»Sí, ahora están robando muchos autos de esa marca...». «Mi equipo de fútbol ha estado algo deficiente». -«Sí, sí, lo golearon cinco a cero...».

Causa de discusiones. El estar interrumpiendo a quien habla trae discusiones, porque a nadie le agrada que no le pongan atención a lo que está diciendo... ¿Y cómo queremos que se imaginen que sí ponemos atención a lo que dicen, si estamos pensando es en lo que vamos a decir nosotros?

Palabras de oro. Los antiguos decían: **«Un buen oyente convierte en oro, cada palabra que le decimos».** Pero a veces las convertimos en chatarra, porque no atendemos a lo que afirman y cuentan ellos sino a lo que vamos a afirmar y contar nosotros.

Equivocación. El niñito se acerca al papá, que está leyendo el periódico: «Papi, que aquí le traigo esta bobadita en el día de su cumpleaños»... Y mientras el jovencito quiere seguir en su felicitación, el papá le corta su conversación, y sin mirar el regalo, y creyendo que es una golosina, le dice secamente: «Coloque eso ahí para comérmelo junto con el desayuno». Y era... una máquina de afeitar... El hijito debió quedarse admirado del buen poder digestivo que tenía su distraído papá. Y no pudo completar el pequeño discurso que con gusto iba a decirle en esa memorable fecha, porque el otro le interrumpió a destiempo.

Detenerse. Tan pronto nos demos cuenta de que tenemos la dañosa maña de interrumpir a quien está hablando, tratemos de detenernos, y tengamos más paciencia para esperar a que el otro termine lo que quería decir. Notaremos pronto lo mucho que nuestra conversación habrá progresado en agradabilidad. La gente que trata con nosotros se sentirá más contenta cuando se sienta escuchada y nosotros habremos ahorrado un montón de energías que íbamos a gastar inútilmente.

Nadie puede librarse de la magia y el magnetismo que produce un oyente atento que le concede importancia a lo que nosotros decimos.

(Carnegie)

8

Hacer algo bueno por otra persona y no contárselo a nadie

La cacareadora. Decía San Francisco de Sales que en algunos campos cuando una gallina pone un huevo se dedica a cacarear y oye esto la marmota (especie de ratón grande) y llega y se come el huevo. Y de ahí saca la enseñanza de que cuando publicamos las buenas obras que hacemos, viene el orgullo y nos roba el premio que íbamos a recibir del cielo. Por eso Jesús recomendaba con admirable sabiduría: «**Que tu mano derecha no sepa lo que hace tu mano izquierda**» (Mt. 6), para enseñarnos a no andar publicando el bien que hacemos a los demás.

Mal de muchos. Desafortunadamente muchísimos de nosotros contamos a los demás los actos de bondad que hemos tenido, buscando así su aprobación y aprecio. Así buscamos aparecer como personas dignas de especial consideración; gente buena que merece amabilidad y aprecio. Y nos puede llegar la pérdida tan desastrosa que Cristo les anunciaba a los vanidosos fariseos que todo el bien que hacían lo practicaban para ser alabados y felicitados por los demás. Él les repetía: «**Ya recibieron su recompensa acá abajo**», y por lo tanto el premio que viene de arriba, del Padre Celestial, ya no les llegará. Esto es fatal.

Acto heroico. Un jovencito invitado a ofrecer por las misiones algún acto que le costara mucho, escribió después a un misionero: «Esta semana gasté una mañana lavando el auto de mi papá, y cuando él llegó no le conté que había sido yo, y él le pagó fue a mi hermano. Yo hice el sacrificio de quedarme callado, porque el premio de Dios será mayor que el que me podría dar mi papacito». Esto es algo que deja una profunda satisfacción en el alma, hacer algún bien a los otros y no contarlo a nadie. Felicitar a los demás por las buenas obras que hacen, pero las nuestras tratar de mantenerlas ocultas sin darlas a la publicidad.

Una promesa que no falla. Cuando Jesús recomendaba no andar pregonando lo poco bueno que hacemos, repetía esta formidable promesa: «**Mi Padre Celestial, que ve en lo oculto, les pagará y recompensará**» (Mt. 6,6). Y a Dios nunca se le trabaja gratis ni a bajo precio. Siempre paga salario altísimo a quienes le ofrecen a Él y por Él lo bueno que hacen y dan, sin buscar con ello satisfacer la propia vanidad y el deseo de aparecer.

El bolsillo roto. Narra un santo que un viajero iba recogiendo por el camino las monedas que conseguía con su trabajo y las iba echando al bolsillo, y cuando llegó al barco fue a pagar el pasaje y no tuvo con qué porque el bolsillo estaba roto y todas las monedas que allí había echado se habían perdido durante el viaje. Y concluye que algo parecido sucederá a quien al hacer el bien lo vive publicando y contando para recibir alabanzas humanas: que al llegar al final de su viaje, a la puerta de la eternidad, se hallará con las manos vacías de premios para el cielo, porque solamente cosechó alabanzas y premio para esta tierra. Sería una gran pérdida, de la cual nos libre el buen Dios.

Que la mano izquierda no sepa el bien que hizo la mano derecha.

(Jesucristo)

Si lo que busco con mis obras buenas es agradar a la gente, ya no seré buen seguidor de Cristo.

(San Pablo)

Callar y dejar que los otros se lleven la gloria

En la revista *Selecciones,* con el título **El mejor consejo que jamás oí,** cuenta alguien que una vez le aconsejaron: «Cuando otra persona le narre algo que oyó o que le sucedió, haga el sacrificio de no añadir una historia parecida que a usted le sucedió». Y dice que este consejo le ha servido inmensamente en su trato con los demás. Y es que es algo que produce en nosotros una sensación de serenidad cuando dejamos de necesitar que la atención se centre en nuestra persona, y permitimos que los otros se lleven la gloria.

Las exigencias de la vanidad. Nuestro oculto orgullo y el egocentrismo que nos domina viven queriendo decir: «Yo soy alguien muy especial. Mi historia es más interesante que la de usted». Con esas afirmaciones, aunque no las digamos de palabra o en voz alta, estamos tratando de decir: «Mis logros son un poco más importantes que los de usted».

Un dominador. El ego es esa parte de nosotros que quiere que lo aprecien, lo respeten, lo consideren especial, aunque a veces sea a costa de otra persona. Es esa parte de nosotros que interrumpe la narración de los demás o espera con impaciencia que ellos terminen para tratar de llevar la conversación y la atención hacia nuestra propia persona.

La mayoría. Quizás la mayoría de las personas tienen esa mala maña, para detrimento y daño de ellas mismas. Se nos olvida que los otros no tienen tanto interés en oírnos como el que nosotros tenemos de hacernos escuchar. Ese enfocar la charla hacia el propio ego crea distancias y frialdad entre nosotros y los que nos rodean. Todo el mundo pierde con esto.

Algo difícil. La próxima vez que alguien cuente una historia o nos narre un éxito que ha tenido, hagamos el esfuerzo por no añadir a ello una historia que nos ha sucedido a nosotros o un éxito que hemos conseguido. Esto es algo costoso, sobre todo al principio, pero es un sacrificio que trae alegría y va fortificando la voluntad a base de saber callar lo que nos hace falta decir. «Quien no sabe callar lo lícito, tampoco será capaz de callarse lo ilícito».

Casos raros. En un cursillo internacional, al principio cada asistente se presentaba, con bastante orgullito. Uno decía: «Yo soy máster en educación». Otro: «Yo doctor en filosofía». Un tercero: «Yo, profesor en la universidad». Al fin uno exclamó humildemente: «Yo, soy especializado en escribir en máquina con dos dedos». El director del cursillo añadió: «No digamos más títulos y empecemos a hablar de cosas provechosas». Es que el ego trata siempre de llamar la atención.

Un milagro. El sucesor de San Juan Bosco (el beato Rúa) jamás hablaba de él o de los éxitos que había obtenido. Al fin un día unos seminaristas le rogaron tanto que contara alguno de los hechos admirables de su vida, que él narró lo siguiente: «Un día me invitaron a darle la bendición a una viejita moribunda y me decían: «Sumerced, que es el sucesor del padre Juan Bosco, que obtuvo tantísimos milagros, por favor, déle una bendición a esta enferma a ver si se sana de su enfermedad». Yo le di la bendición con toda la fuerza de mi alma, y tan pronto terminé de bendecirla, ¡suaz!, la viejita se murió». Los santos cuando hablan de sí mismos no es para darle gusto a su orgullo o exaltar su ego.

Reemplazar. La próxima vez que escuchemos a alguien contar una historia o narrar un éxito que ha conseguido, en vez de añadir: «Yo también hice algo parecido», o «A que no adivinan lo que hice en una ocasión semejante», más bien mordámonos la lengua, pongamos atención a lo que el otro dice y digamos: «Eso es fantástico... cuénteme algo más». Esa otra persona se divertirá mucho más, y notará que en verdad estamos atentos a lo que está diciendo. Nadie logra librarse de la magia que proporciona un oyente atento que pone interés a lo que le decimos.

Buen resultado. Y al no estar compitiendo por ver quién narra mejores cosas, el interlocutor se encontrará más satisfecho de charlar con nosotros, y nuestro trato se volverá más interesante. Además nuestra propia persona estará más tranquila porque no tendrá que estar sentada al borde de la silla esperando para intervenir.

Excepciones. Claro está que existen ocasiones en las cuales resulta muy provechoso intercambiar experiencias y narrar cosas agradables que nos han sucedido. Pero lo que aquí queremos recomendar es que no nos dejemos llevar por esa tendencia impulsiva a no dejar que los otros terminen su narración y a impedir que nos narren sus éxitos.

Premio. Y cuando logremos renunciar a tratar de acaparar la atención y la gloria en favor nuestro, necesariamente iremos consiguiendo una admirable paz en el alma y la costumbre de alegrarnos sinceramente de que sean otros los que atraigan la atención y se lleven las felicitaciones.

Quien se humilla será enaltecido.

Aprender a vivir el momento presente

Gran parte de nuestra paz y tranquilidad mental dependerán de que seamos capaces de vivir bien el momento presente sin amargarnos por el pasado ni asustarnos por el futuro. Hay que aprender a dejar de recordar lo triste que sucedió y a no afanarse por lo miedoso que pueda llegar en el futuro. Dedicarse únicamente a vivir lo mejor posible el presente.

Un arte neurótico. Ojalá seamos muchos los que ya hayamos aprendido a superar y a dominar el arte neurótico de vivir recordando con tristeza y amargura el pasado y de vivir pensando con miedo y afán en lo que pueda suceder en el futuro. Si algo contribuye a desgastar los nervios y a convertir la vida en un infierno, es dedicarse a rumiar con tristeza algo amargo que ya sucedió y que por más que lo maldigamos y rechacemos, jamás lo lograremos cambiar ni en un solo punto, pero su triste recuerdo sí puede enfermarnos de los nervios. Otro error que no nos trae sino males y nada logra solucionar es el vivir llenos de miedos y temores por un futuro que todavía no ha llegado y que probablemente va a llegar de manera distinta a lo que nuestra mente enfermiza y miedosa lo quiere pintar. Estos dos pensamientos: el del pasado amargo y el del futuro miedoso, nos pueden llevar a vivir ansiosos, frustrados, deprimidos, desesperados.

¿Quemar lo presente seguro, por lo lejano inseguro?

Cuántos y cuántas desgastan tristemente sus momentos presentes por dedicarse a pensar con tristeza en lo amargo que sucedió, y con temor en los peligros que puedan suceder. Con esos afanes y tristezas nada de lo pasado se logra cambiar, y nada de lo futuro se puede remediar, pero el presente sí se logra amargar y malgastar.

John Lennon decía: **«Qué lastima dejar de ser felices en el ahora por dedicarse a llorar y suspirar por un pasado que ya no podemos remediar, y a sufrir por el futuro».** Desperdiciamos nuestro gran tesoro, el «presente» y lo quemamos por llorar un tiempo que ya pasó y por temblar ante un tiempo que no ha llegado. ¡Qué «brutos» somos!

¿Eco o ensayo? Mucha gente vive como si la vida fuera un eco de lo que ya pasó o un ensayo de lo que va a suceder, y mientras tanto se amargan el «ahora», que es lo único que en verdad tienen, y lo único sobre lo cual logran tener control. El dedicarse con todo entusiasmo al presente puede ir acallando esos tristes ecos del pasado y esos temores inútiles por el futuro. Jesús decía que por más que se afane una persona no podrá añadir ni medio centímetro a su futura existencia.

Gran remedio. La mejor fórmula para evitar inútiles amarguras en la vida presente, será cumplir el mandato de Cristo: **«No se afanen por el día de mañana. A cada día le basta su propio afán».**

No responder antes de que el otro acabe de hablar

Los
perfeccionistas
sufren mucho
y hacen sufrir

Y es que se puede cumplir en nuestra vida lo que lamentaba el poeta Pemán: «**Mientras se despeña el río, se está secando la huerta**». Despeñamos la atención en un pasado y en un futuro irremediables, y dejamos secar de tristeza la huerta de nuestro día presente, que es lo que en realidad poseemos.

Coloque sus preocupaciones en manos de Dios y él le solucionará muchos problemas.

(Salmo 55)

11

11 Imaginemos que los demás son unas «buenas personas»

Los pesimistas dicen: «Piense mal y no se equivocará». Nosotros queremos afirmar todo lo contrario: «Piense bien de los demás y verá efectos formidables en su trato y en su vida toda».

El chofer malgeniado y el adolescente rebelde pueden ayudarnos con sus ofensas a ser pacientes (nadie obtiene la paciencia si no hay quien le ofenda o algo que le cause disgustos). **No hay una sola persona que no nos pueda enseñar algo bueno.** El famoso libro Imitación de Cristo aconseja: «Cuando veamos en los demás un buen comportamiento, tomemos de ahí una lección para imitarlo, y cuando veamos un comportamiento indebido aprendamos de esto a no imitar nunca ese modo indebido de comportarse».

Una buena averiguación. Un excelente ejercicio de imaginación es tratar de averiguar qué nos pueden enseñar las otras personas. Esto nos evitará muchos fastidios y disgustos, pues en cada imperfección de los demás podremos encontrar una lección para nuestro aprovechamiento. Si nos acostumbramos a enfrentar de esta manera los acontecimientos, podemos tener por seguro que no nos vamos a arrepentir de haberlo hecho.

Sacar lecciones. Cuando descubrimos que del comportamiento del otro podemos sacar alguna buena enseñanza, ya en vez de disgustarnos por lo que hace, sentiremos cierto contento. Así por ej., vamos a una oficina a pedir un documento y el empleado que tiene que atendernos procede de una manera demasiado lenta. De ahí podremos sacar esta lección: «Qué duro debe ser tener que dedicarse uno a un oficio que no le gusta y que no proporciona consuelo alguno». Y en vez de disgustarse lo que hay que hacer es preguntarse: «¿Qué me estará enseñando el comportamiento de esta persona? ¿Quizás que yo no debo ser tan impaciente y que no hay que querer que las cosas se solucionen fácil y rápidamente?»... El tener que hacer largas colas puede resultar una excelente oportunidad para aprender a no impacientarse.

Cambiar la pregunta. Esta técnica que estamos recomendando puede obtener que transformemos muchos hechos fastidiosos en momentos provechosos. Lo que tenemos que hacer para ello es cambiar la pregunta. En vez de decirnos: «¿Por qué se comporta así?», preguntarnos: «¿Qué me estará enseñando el comportamiento de esta persona?». Alguna buena lección se puede sacar de cada ocasión.

Y así se cumplirá en nosotros el antiguo adagio que dice: «Todo pensamiento amable en favor de los demás, es como un masaje que le damos a nuestro rostro para volverlo más agradable».

No juzguen y
no serán juzgados.
No condenen y
no serán
condenados
por Dios.

(Mt. 7)

Permitamos que los otros tengan «razón»

Una disyuntiva. Frecuentemente deberíamos preguntarnos: «¿Qué prefiero: tener razón en todo, o ser feliz?». Porque bastantes veces las dos cosas se excluyen la una a la otra.

Algo muy costoso. El defender nuestras posiciones y opiniones requiere un enorme esfuerzo mental, y muchas veces nos enfrenta con las personas que viven a nuestro alrededor. Carnegie decía: «La única discusión que se gana es la que se evita». El estar queriendo tener razón en todo y declarando que los que piensan lo contrario a nosotros están equivocados, coloca a los otros en la defensiva y nos obliga a vivir defendiendo nuestras ideas. Y es algo impresionante el constatar la cantidad tan enorme de energías y de tiempo que gastamos intentando demostrar que tenemos razón y que los que piensan lo contrario están equivocados. Franklin recomendaba: «En lo que no vaya contra la fe o las buenas costumbres, no discutamos nunca. Dejemos que cada cuál opine como mejor le parezca».

Grave error. Muchas personas, conscientemente o sin darse cuenta, creen que su oficio es demostrarles a los demás sus propias opiniones y probarles que si piensan de manera contraria se hallan en un error; que más tarde les tendrán que agradecer el que les haya hecho esta corrección, y que con ella van a aprender algo muy importante. Eso sí que es un verdadero error.

Amarga experiencia. ¿Acaso es que alguna vez hemos quedado muy agradecidos porque alguien se nos ha enfrentado y nos ha dicho: «Usted está equivocado; su modo de pensar es erróneo»? ¿Y le hemos respondido: «Muchas gracias, qué buen servicio me ha hecho usted»? Probablemente no, sino que más bien nos hemos sentido humillados, pues a nadie le agrada que le digan que se equivoca. Aquí sí se cumple lo que dice el libro de los Proverbios: **«A nadie le agrada que lo corrijan».** Y más si la corrección es en público y con palabras humillantes o con aire de «sabelotodo» de quien corrige.

Lo contrario. Dicen que el famoso sabio Santo Tomás de Aquino, profesor de grandes universidades y autor de más de 40 volúmenes de altísima teología y filosofía, cuando tenía que contradecir a alguien y exponer sus propias ideas, jamás decía: «Usted se equivoca», sino: «A mí me parece que... pero puede haber otras opiniones mejores». Es que a todos nos gusta que nuestras opiniones sean respetadas y tenidas en cuenta. Ser escuchado con atención y aprecio constituye uno de los más grandes deseos del corazón humano. Quienes saben escuchar con cariño y aprecio son queridos y respetados por los demás, pero quienes viven enfrentándose al parecer de los otros y diciéndoles que se equivocan, causan antipatías y la gente huye de su trato.

El método mejor. No se trata de dejar que todos expongan sus errores sin más ni más y que tengamos que decir «Amén» a todas las barbaridades que a los demás se les ocurra decir. La *Biblia* recuerda esta gran verdad: **«Más te ama quien te corrige de los defectos que tienes, que quien te alaba por cualidades que no tienes»; «Corrijamos al joven y no tendremos que castigar al adulto»; «Si sabes corregir a tiempo, después te amarán por haberlo hecho».** (Prov. 9,13 y 23, etc.). Existen ciertas teorías que no podemos de ninguna manera aceptar. Por ej., alguien afirma: «Se puede abortar, para no traer al mundo niños que sufran». Esto es un error monstruoso. En este caso debemos advertirle al otro que el sufrimiento no es un mal en sí mismo, sino algo que puede obtener enormes bienes y una gran personalidad. Si otro dice que la mujer tiene derecho a abortar porque ella es dueña de su propio cuerpo, hay que advertirle que cuando mata con el aborto lo que está atacando no es su cuerpo sino el cuerpo de su criatura, y que de ese cuerpo y de esa vida, ella no es dueña... Y así, existe una serie de afirmaciones tendenciosas a las cuales hay que saber responder moderadamente y sin agresividad, pero con toda seriedad, porque los que propagan los errores se vuelven tanto más atrevidos, cuanto más cobardes sean los que defienden la verdad.

Preguntar. Muchas veces se puede llevar hacia la verdad por medio de una pregunta bien hecha. Por ej., alguien afirma: «Todos los curas son malos». Le preguntamos: «¿Cuántos curas conoce usted?» (porque de lo único que podemos afirmar algo es de aquello que conocemos). Y añadir: «¿De los que sí conoce cuántos son malos?». Veremos que su afirmación anterior ya no la hará con demasiado énfasis, después de preguntas como éstas.

Un gozo muy sano. Démosle a los demás la alegría de tener razón, de llevarse la gloria de que lo que afirman o niegan es verdad (si es algo que no va contra las verdades de la fe o de la moral).

Hay que dejar de contradecir. Por duro que parezca dejar esta mala costumbre de vivir llevando la contraria, vale la pena cualquier esfuerzo por evitarla. Cuando alguien afirme: «esto es así», y nos venga la tentación de responderle: «No, eso no es así», limitémonos a dejar correr esa declaración y permitamos que se quede sin discutir (repito, si no va contra la fe o la moral). Entonces las personas que nos rodean dejarán de estar a la ofensiva, y se volverán más afectuosas y nos apreciarán más que antes, aunque ellas mismas no sepan por qué su aprecio hacia nosotros ha aumentado. Y descubriremos que es mucho más alegrador colaborar a que los demás sean felices, que dedicarse a una batalla de egos y de opiniones.

Claro está que nunca sacrificaremos las ideas religiosas y morales de nuestra santa religión, pero cuando no se trate de opiniones que vayan contra ellas, a partir del día de hoy, **permitamos que los demás tengan «razón»** en lo que dicen, y ellos y nosotros seremos más felices.

Un buen lema. Ojalá tuviéramos por lema en el trato aquellas palabras del gran santo que fue sucesor de Santo Domingo de Guzmán: «Siempre me esforcé por estar de acuerdo con los demás en todo lo bueno y por no chocar con nadie. Trato de colocarme en el sitio de los otros para poder comprenderlos mejor y nunca preferir mis propios gustos en contraposición de los de los demás».

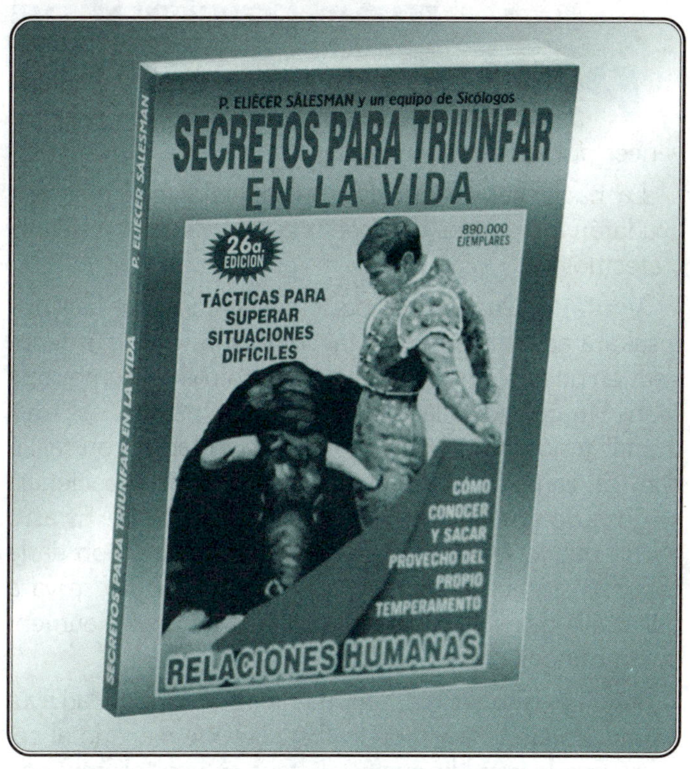

Un libro para aprender a ganarse la simpatía de los que tratan con nosotros.

13 Tratar de ser más pacientes

Paciencia es la virtud por medio de la cual ante la presencia de las contrariedades no nos dejamos vencer por la tristeza y el disgusto.

La paciencia es una de las cualidades que más nos ayudarán a crearnos una personalidad alegre, agradable y afectuosa.

Ventajas. Cuanto más pacientes seamos más fácil nos resultará aceptar las cosas tal como son, en lugar de insistir en que tienen que ser como nosotros queremos que sean. Sin paciencia la vida resulta extremadamente frustrante, y nos sentiremos molestos e irritados con facilidad. En cambio, cuando se tiene la suficiente paciencia se goza de una magnífica paz interior. «Fue así. Es así». Ya no puede ser de otra manera. ¿Qué gano con darle cabezazos a la muralla de piedra si con eso no se va a quitar ella de allí? Frases como éstas traen paz y aumentan la tranquilidad.

Buenos remedios. En momentos de contrariedad ayuda mucho el respirar hondo. Este llevarle oxígeno al cerebro puede impedir que estallemos en una tormenta de palabras que sólo males nos va a ocasionar. Por eso ciertas personalidades muy equilibradas, cuando se les presenta una seria contrariedad, respiran profundamente antes de pronunciar palabra.

Para tener paciencia es necesario **ver en los demás buena voluntad y no un deseo de amargarnos la vida.** Esa persona que viene a pedirnos un favor o a charlarnos de algún tema especial, seguramente que no se ha propuesto ofendernos, sino que siente la necesidad de recurrir a nuestra ayuda. Si vemos en cada cuál su buena voluntad y no malas intenciones, habremos dado un gran paso en la consecución de la virtud de la paciencia.

«Todo sucede para bien de los que aman a Dios». Esta frase famosísima de San Pablo (Rom. 8) ha obtenido para miles y millones de personas en los más diversos países y por veinte siglos, un aumento admirable de su paciencia, porque llegan a darse cuenta de que las cosas desagradables que les sucede no son para su mal sino para su bien. Verdad que en el momento presente no entendemos ni comprendemos por qué suceden ciertas cosas tan desagradables, pero al final de la vida veremos que Dios no dio jamás una puntada en falso y que siempre supo Él escribir derecho aunque fuera en renglones muy torcidos. Cuando uno se convence de esto: «**Lo que me sucedió y lo que me está sucediendo es para mi bien,** pues mi buen Dios que tanto me ama nunca me enviará nada que sea para mi mal», desde ese momento en vez de rabiar y maldecir nos dedicaremos a sacarle el mayor provecho a esa situación. Al final de nuestra vida no le corregiremos a nuestro sapientísimo Dios ni siquiera una página de lo que permitió que sucediera en nuestra existencia, porque entonces sí que nos daremos cuenta que sí era una gran verdad la enseñanza del apóstol: «Todo sucede para bien de los que aman a Dios». ¿Pido la paciencia a Dios? ¿La pediré cada día? Todos los días necesitamos pedir paciencia porque todos los días nos da impaciencia por algo. La paciencia verdadera no la tienen sino quienes la piden a Dios muchas veces, y ojalá todos los días de la vida.

Dios no hace jamás brotar inútilmente una lágrima a ninguno de sus hijos.

Aprender a saber aguantar

Es necesario hacer de la vida de cada día un ejercicio o práctica de esa buena costumbre que se llama «saber aguantar sin estallar en ira». Los antiguos decían: **«La mejor ciencia es la abuela paciencia».** Y esa ciencia se adquiere practicando día por día el: aguanta sin protestar.

Hagamos un propósito cada mañana diciendo: **«Por una hora no me voy a disgustar ni a enfurecer por nada,** pase lo que pase. Seré paciente. Recordaré que el carácter de una persona es tanto más chiquito cuanto más pequeñas sean las cosas que le hacen disgustarse».

Aprovechar la ocasión. ¿Que tenemos que hacer una llamada telefónica y en ese momento alguien nos acribilla a preguntas? Pues hay que decirse a sí mismo: **«Éste es el momento fantástico para demostrar que puedo ser paciente.** Durante la próxima media hora no me voy a impacientar por nada».

El simple hecho de tener un fuerte deseo de no disgustarse por cualquier cosa, es ya un gran paso para ir adquiriendo la serenidad que necesitamos en cada momento. Y nuestros sentimientos resultan contagiosos y logramos comunicarlos a los que nos rodean y así ellos irán también poco a poco adquiriendo la bella costumbre de no disgustarse sino por cosas muy terribles y grandes. Recordemos siempre aquella sabia frase de San Francisco de Sales: «**Más vale que digan de cada uno de nosotros** «no se disgusta por nada», que tengan que decir «se disgusta sólo por causas muy grandes». Lo que no disgusta a Dios que tampoco me disguste a mí.

Guardar las proporciones. Ante lo que nos disgusta hay que pensar: esto no es «cuestión de vida o muerte», sino un simple obstáculo que tenemos que solucionar. Si podemos pasar por encima, pasamos. Si hay que dar un rodeo para pasar al otro lado, lo damos. Pero no vamos a convertir un obstáculo en el camino en una ocasión de tremenda emergencia con chillidos y gritos, frustración, sentimientos heridos y presión sanguínea alta. Cada rabieta acorta siete minutos nuestra vida y nos envejece de manera alarmante. Y la verdad es que no merece la pena tanta pérdida por tan inútiles disgustos.

Si nos esforzamos por no disgustarnos por pequeñeces, habremos dado un gran paso hacia la adquisición de una excelente personalidad.

"Con la paciencia salvaran sus almas".

(Jesucristo)

Un santo que llegó a no encolerizarse por nada, y A NO PERDER LA PACIENCIA. Su biografía es emocionante.

15 Ser el primero en actuar afectuosamente y tender la mano

Somos muchos los que sufrimos inútilmente por guardar rencores por tratos injustos o ásperos que hemos recibido. Y con testarudez esperamos que sea la otra persona la que venga a tendernos la mano y expedir excusas, y creemos que esa será la única forma que nos permita volver a tener amistad con los que nos ofendieron.

El caso de la mamá. Llegó una señora muy angustiada a decirme que su hijo la había ofendido fuertemente a causa de la nuera, y que desde entonces, ya por tres años, ella no le había vuelto a hablar al joven y que no le volvería a hablar a no ser que él la llamara primero a pedirle excusas. Le aconsejé que fuera ella quien diera el primer paso. Se resistió al principio y dijo: «No puedo hacer esto. Es él quien tiene que pedirme disculpas». Estaba dispuesta a morir antes que tener que ser ella la primera en tenderle la mano a su hijo. Pero con dulzura la animé a que rompiera el hielo, y para su propio asombro, su hijo se mostró muy agradecido por la disposición de ella a llamarlo, le pidió excusas y volvieron a ser muy buenos amigos. Aquí se repitió el caso que sucede tantas veces cuando alguien corre el riesgo de tender la mano: **todos salen ganando.**

Pérdida. Cuando nos aferramos a nuestro rencor y a querer seguir enojados, convertimos **«las pequeñeces»** en «asuntos importantes» dentro de nuestra mente y cometemos el error de creer que seguir disgustados por lo que ha sucedido es más importante que nuestra propia felicidad. Y no lo es. Si queremos ser personas felices y tranquilas tenemos que convencernos de que **tener razón casi nunca es más importante que ser feliz.** Hay que acostumbrarse a dejar que sean otros quienes tengan razón. Eso no significa que nosotros estemos equivocados, sino que no queremos amargar nuestra vida por pequeñeces. Y experimentaremos la paz que se consigue al dejar que las cosas corran, y la alegría de permitir que otros se sientan más importantes.

Otra ganancia. Y también nos daremos cuenta de que al tender la mano y dejar que los demás tengan «razón», ellos estarán menos a la defensiva y se mostrarán más afectuosos con nosotros. E incluso hasta responderán tendiéndonos ellos también la mano. Pero si por algún motivo no lo hicieran, no importa. Pues tendremos la satisfacción de haber cumplido aquel mandato de Jesús: «**No amen solamente a los que les demuestran amor y simpatía, sino también a les que los tratan mal.** Así se asemejarán al Padre Celestial que reparte sus favores a buenos y malos» (Mt. 5,46). Y con esto habremos contribuido a hacer más afectuosa la vida en este mundo, más tranquila y pacífica nuestra propia existencia y más grande la dicha que nos espera en la eternidad.

16

Hacerse una pregunta: ¿tendrá esto importancia dentro de cinco años?

He aprendido un juego que me sirve mucho para quitarme la idea equivocada de que aquello que me disgusta y atormenta es demasiado grave. El juego **consiste en imaginar que esto que me está llenando de ira y de tristeza, sucedió ya hace cinco años.** O en calcular qué tanta importancia le daría yo a esto de hoy en cinco años. Seguramente que no le concederé tanta importancia y no seré tan loco como para echar a pique mi buen genio y hasta mi salud, creyendo este caso tan extremadamente importante. En alguno que otro caso puede ser que sí lo sea, pero en la inmensa mayoría de las veces el asunto no es de tanta importancia como me lo puedo imaginar hoy si estoy impaciente y triste a causa de esto que me sucede.

Casos. Puede ser que se trate de una discusión con un familiar o un jefe o empleado; un error que he cometido; una oportunidad que no aproveché o se perdió; el rechazo a un trabajo que he presentado; una imprudencia cometida; un tobillo que se torció con un mal paso dado; seguramente que esto de hoy en cinco años no va a tener tanta importancia para mí. Habrá quedado como un dato más en la historia de mi vida, pero sin una influencia extraordinaria en mi existencia. Y si le concedo ahora solamente la importancia que le voy a dar dentro de un quinquenio lograré evitar una serie de iras y tristezas desproporcionadas, y habré ganado mucho en calma y en paz.

Resultados. Con esta estrategia he logrado aprender a reírme de cosas que antes las tomaba demasiado en serio y las convertía en verdaderas tragedias. Y ahora en lugar de agotar las energías de mi cuerpo y de mi espíritu en dedicarme a enojarme y entristecerme por cualquier cosa desagradable que me suceda, puedo enfocar todas esas preciosas energías en hacer más agradable la vida de quienes viven conmigo, y en desempeñar mejor mis trabajos de cada día y en buscar y llevar a la práctica nuevas ideas que me obtengan mejores éxitos en mi profesión.

Antes, por mis desproporcionados disgustos y mis exageradas preocupaciones por los pequeños problemas que se presentan cada día, podía repetir los versos de Pemán que ya hemos citado en páginas anteriores: «Mientras se despeña el río, se está secando la huerta». Ahora, ya con más tranquilidad y menos afanes, logro encauzar las energías de mi espíritu y con ellas ir regando de nuevas ideas y de espíritu alegre y amable las horas de mi vida diaria y obtener mejores frutos espirituales en el huerto de mi propia existencia cotidiana.

17

Aceptar que la vida no es como nos parece que debería ser

Un amigo ante el cual me quejaba de ciertos acontecimientos y de algunos modos de ser de la gente, que no me gustaban ni mucho ni poco, me respondió con esta frase que me impresionó profundamente: **«¿Y quién dijo que la vida tiene que ser como nosotros queremos que sea?».** Y al oír esto recordé algo que nos enseñaban cuando éramos jóvenes, que porque en la vida las cosas no sucedan como nosotros deseamos, no por eso resulta que la vida no sea justa, sino simplemente que no es según nuestros gustos y antojos.

Como una alfombra. A un célebre conferencista le oí decir que esta vida es como una alfombra que está tejiendo un artista, la cual mirada por el revés parece sólo una desordenada colección de hilachas, pero al volverla al derecho aparece como una verdadera obra de arte. Y que así nos va a suceder al final de nuestra vida. Por ahora nos parece que todo sucede tan desordenadamente y tan sin justicia, tan sin razón, pero al llegar a la eternidad nos daremos cuenta que el Divino Artista que es Dios, hizo de nuestra existencia (quizás a veces a base de contrariedades y sufrimientos) una especialísima obra de arte, y nos fue formando divinamente para la eternidad feliz que nos tenía preparada.

Un error sumamente dañoso. Los especialistas en depresión afirman que uno de los peores errores que una persona pueda cometer en su vida es **«vivir compadeciéndose a sí misma»**, dándose **«sentidos pésames»** por las cosas desagradables que le suceden. Esto lleva irremediablemente a la depresión y a enfermarse de los nervios y del hígado y a conseguirse un derrame cerebral. No aceptar la vida como sucede es algo muy dañoso y totalmente inútil, porque por más que nos rebelemos contra lo que está sucediendo, esto no va a dejar de seguir aconteciendo por el solo hecho de que no lo aceptemos.

Buen lema. Repetimos que desde el siglo II (o sea, hace más de 18 siglos), se ha vuelto muy famoso este lema: «Dios mío: **haz que yo cambie lo que puedo cambiar. Que acepte lo que no puedo cambiar.** Y que sepa reconocer la diferencia entre lo que sí se puede cambiar y lo que no puedo cambiar».

Fue así y es así. En el reloj de la torre de una antiquísima catedral de Europa, hay un gran letrero que dice: **«Ya fue así, y es así. Y ¿qué gano yo con no aceptarlo?»**. Ya dijimos que sería una imprudencia muy dañosa al estar encerrado en un edificio sin salida, dedicarse a dar cabezazos a la pared de cemento o de piedra. La pared no cederá pero nuestra cabeza sí sufrirá. Si vivimos sintiendo lástima por nosotros mismos nos vamos a convertir en unos **«tíos quejitas»** que se amargan la vida propia y amargan la vida de los demás, y todo inútilmente. Pero si aceptamos la gran verdad de que Dios tiene en sus manos las riendas de todo lo que sucede en el mundo y que nada sucede sin que Él así lo permita, iremos cambiando nuestros lamentos en alabanzas a su sabiduría y bondad, en vez de perder la vida en tristes lamentaciones que nos hacen más mal que bien. Y esto nos librará también de vivir sintiendo demasiada lástima por los demás como si las cosas desagradables que les suceden fueran tragedias irremediables que sólo pueden traer males a quienes las sufren.

No es vana resignación. El aceptar que la vida no sea como nosotros quisiéramos que fuera no significa que vamos a quedarnos fatalmente inactivos sin luchar contra las contrariedades que se nos presentan. Lo que podamos remediar trataremos de remediarlo, con constancia, valor y perseverancia. Nunca aceptaremos una posición derrotista que no aprovecha a nadie. Diremos como Napoleón: «Las soluciones difíciles nos dedicaremos a conseguirlas, y por las imposibles no nos dedicaremos a llorar por no poderlas conseguir».

Dichosos cuando tengan que sufrir, porque su premio será muy grande en el reino de los cielos.

(Mt. 5)

Para aprender a controlarse y no estallar en cólera existe un librito pequeño y sabroso:

EL PEQUEÑO SECRETO.

18 Estarse un rato sin pensar en nada

Nuestra vida es tan agitada y tan llena de preocupaciones que a veces nos parece imposible estarnos un rato sin pensar en nada. Y sin embargo éste es uno de los métodos más útiles para tener paz en el alma y descanso nervioso y espiritual.

El consejo del profesor. Cuando empecé mis estudios universitarios en una ciudad muy lejana del pueblo donde vivían mis familiares, y donde yo no conocía a nadie, le pregunté a un veterano profesor: «¿Qué me aconseja para cuando esté aburrido y no tenga ningún trabajo que hacer ni alguien con quién charlar?». Y él me respondió: «**Dedique algunos tiempos a no pensar en nada.** Eso le servirá mucho para la formación de su personalidad». Al principio creí que se trataba de una broma, y le pregunté: «**¿Y qué gano yo con no pensar en nada?**». Su respuesta fue la siguiente: «Es que el dedicar algunos ratos a no pensar en nada le producirá un descanso espiritual, una sana relajación de sus nervios y una sensación de paz. Si practica esto de vez en cuando, llegará a aprender a tener descansado su sistema nervioso».

Principios difíciles. Lo que me dijo el profesor tenía mucha razón, pero al principio sí que me fue difícil practicar este consejo. Yo estaba tan habituado a hacer algo durante cada segundo, que tuve que luchar fuertemente para dedicar algunos momentos a «no pensar en nada». Pero poco a poco me acostumbré y he aprendido a disfrutar de esto.

No es ocio. No estoy hablando de dedicar horas a la ociosidad y a la haraganería, sino de aprender a pasar minutos dedicados no a **«hacer»** sino a **«ser».** No existe ninguna técnica especial para esto. Basta, por ejemplo, sentarse junto a una ventana, extender la vista hacia lo lejos sin fijarla en ningún objeto, y abstraerse de todo recuerdo, de toda preocupación y de todo plan de acción. Puede ser que al principio esto resulte difícil y hasta desagradable. Pero después la compensación será admirable y enriquecedora.

Agitación excesiva. Es que nuestra ansiedad, nerviosidad y conflictos se originan muchas veces en que la mente está demasiado ocupada e hiperactiva y en que siempre necesitamos algo para entretenernos, algo en qué concentrarnos y no dejar de preguntarnos: ¿Y qué viene ahora? Mientras hacemos el aseo por la mañana nos preguntamos: ¿qué habrá que hacer en las próximas horas? Vamos pensando: ¿qué problemas se irán a presentar hoy? Durante el día nos seguimos llenando de noticias y preocupaciones. Llegamos a casa y apenas cenamos, enseguida a ver el noticiero de televisión que muchas veces es bastante aterrador, o levantamos el teléfono y nos comunicamos con gente distante... Parece que nos asusta el estar siquiera un minuto sin hacer nada especial.

La experiencia de un cirujano. Me decía un médico de fama nacional que cuando se sentía muy nervioso porque próximamente tendría que hacer una operación quirúrgica muy arriesgada, él se sentaba en un cómodo sillón y colocaba en su grabadora la *Novena Sinfonía* de Beethoven, y se abstenía de pensar en nada especial, poniendo atención únicamente a tan bella música, y que a los pocos minutos obtenía un descanso total y una paz maravillosa.

Frutos. Lo hermoso de «no pensar en nada» es que ayuda a despejar la mente y a obtener una buena relajación nerviosa. Es que el pobre cerebro se va llenando continuamente de toxinas a causa de tanto pensar y afanarse. Y así como el cuerpo necesita un descanso después de duros ajetreos, así el cerebro necesita un «paréntesis», un breve periodo de tiempo en el que pueda descansar. Cuando permitimos que el cerebro se tome un descanso, él se volverá más fuerte, más agudo, más capaz de concentrarse y más creativo.

Cuando nos permitimos algunos minutos para «no pensar», nos libramos de una enorme presión que nos impulsa a actuar y a estar agitados y preocupados hasta el último segundo de cada día. Ahora cuando alguien me pregunta: «¿Qué debo hacer para dejar este mal genio y esta tristeza?», le respondo: «Dedique algunos minutos a no pensar en nada. Eso le será de gran provecho». Probablemente nadie jamás le había dado semejante consejo tan raro que ahora les repito a mis lectores. Si se les hace extraño semejante consejo, piensen que **hay una primera vez para todo,** y traten de practicarlo aunque sea por la primera vez.

Cuidado con el estrés

Se llama estrés un estado de tensión nerviosa excesiva y de angustia, resultante de una acción o preocupación desgastadora y continuada, dañosa para el sistema nervioso.

Si el estrés no existiera, los médicos del sistema nervioso y los psiquiatras se quedarían con menos de la mitad de la clientela de pacientes que ahora tienen que atender.

Actuar a tiempo. Lo primero que se necesita respecto del estrés será detectarlo antes de que se nos escape de las manos y ya no lo podamos dominar. Cuando sintamos que nuestra mente avanza demasiado rápido, que nos estamos afanando más de la cuenta, es tiempo de detenerse un poco y pensar: ¿qué prefiero: vivir con la mente llena de tensiones y angustias y desgastar irremediablemente mi sistema nervioso, o tomar la vida con más calma, y conservar así la tranquilidad de mi espíritu? Los cementerios están llenos hasta el borde de personas que se imaginaban que tenían que hacerlo todo y rapidísimamente, y ahora que se han muerto, el mundo siguió mejor de lo que estaba cuando ellos vivían. ¿Para qué les sirvieron tantos afanes sino para acortarse y amargarse la vida?

No tanto afán. Cuando empecemos a afanarnos porque no alcanzamos a cumplir el programa que nos habíamos establecido, es el momento de aminorar la marcha y considerar si el cumplir ese programa que nosotros mismos nos hicimos resulta ser de tantísima importancia que merezca enfermarse de los nervios con tal de cumplirlo.

Saber detenerse. Cuando sintamos que perdemos nuestro control nervioso y que nos angustiamos por todo lo que tenemos que hacer, en vez de dedicarnos a seguir haciendo obras, la estrategia más provechosa es tratar de relajarnos un poco, respirar hondo varias veces y salir a dar un corto paseo. Si nos damos cuenta de que nos estamos estresando demasiado hay que estar alerta para saber descansar a tiempo, porque el estrés, como un auto sin frenos por una pendiente abajo, una vez que toma velocidad la va aumentando y ya nadie logra detenerlo.

No querer hacerlo todo. ¿Quién dijo que tenemos que hacer todo lo que nos hemos propuesto hacer? ¿Es que el mundo se va a acabar si no hacemos todo eso ya? Cuando tengamos la mente más calmada y una dosis menor de estrés, seremos más eficaces y disfrutaremos mejor de lo que hacemos. Convenzámonos de esto: ninguno de nosotros es necesario. Más vale hacer menos con menos desgaste nervioso y durar unos años más en esta tierra, que quemarnos de nerviosismo queriendo hacerlo todo y rápidamente, y acortando así lastimosamente nuestra existencia sobre la tierra. Al fin y al cabo, siempre tendremos que repetir las palabras del libro de los Proverbios: «Lo que nos consigue éxitos es la bendición de Dios, y nuestro afán no añade nada».

De vez en cuando escriba una carta amable

Éste es un ejercicio que ha ayudado a numerosas personas, cambiado muchas vidas, y contribuido a que se vuelvan más alegres y afectuosas. Dedicar de vez en cuando unos minutos a escribir una carta cordial, es algo que obra benéficamente en nuestro favor. El acto de tomar un bolígrafo o sentarse junto a un teclado para escribir una carta amable, es detener la marcha del tiempo que dedicamos a otras cosas, para dedicarnos a recordar a personas que dan sentido a nuestra vida. El hecho de dedicarnos a escribir estas cartas aumenta en nosotros el sentimiento de gratitud y de afecto hacia los demás.

Lista inesperada. Al dedicarnos a escribir cartas cordiales nos vamos a sorprender al ver cuántas personas aparecen en nuestra lista. Uno que nunca se tomaba el tiempo para escribir a nadie, ahora desde que hizo el propósito de no dejar pasar semana sin escribir a alguien, dijo: «Creo que ya no me van a alcanzar todas las semanas de mi vida para escribirle a todas las personas que tengo en la lista». Puede ser que ese no sea nuestro caso, pero seguramente hay en nuestra vida y en nuestro pasado muchas personas que son dignas de una carta o al menos de una tarjeta cordial y amistosa.

Escribir a desconocidos. ¿Por qué no enviar una carta a un personaje que no conocemos? A un periodista, a un locutor de radio, a alguien que habla en la TV, a quien se ha dedicado a obras sociales y de caridad? En la carta hay que orientar el pensamiento hacia la gratitud. El acto de escribirla aumentará en nosotros ese noble sentimiento.

¿Qué decir? El objeto de nuestra carta es bien sencillo: expresar aprecio y gratitud. No nos preocupemos si no poseemos un elegante estilo literario. No se trata de ganar un concurso sino de hacer un regalo espiritual nacido del corazón. No hace falta que la carta sea larga. Bastan unos pocos renglones llenos de cordialidad. Por ej., «hoy me he puesto a pensar en la gran fortuna que significa para mi vida el tener personas amigas tan buenas como usted. Le felicito por... Le he recordado con especial afecto con ocasión de...

Resultados. El escribir y enviar cartas de afecto, aprecio y estima, no solamente despierta en nosotros sentimientos de gratitud sino que con toda probabilidad, la persona que las reciba se sentirá conmovida y agradecida. Santos ha habido que escribieron varias cartas de éstas cada día y varios centenares en toda su vida. Por ej., San Agustín, San Francisco de Sales, San Juan Bosco, el Padre Pío, Santa Teresa, etc. Y esto hizo crecer muchísimo el número de sus amistades y la santa influencia que lograron ejercer en favor de los demás. Y quizás la persona que recibe el mensaje se sienta impulsada a hacer otro tanto respecto de otros.

Escribamos la primera carta esta misma semana. Apuesto a que nos alegraremos de haberlo hecho.

LA PERSONA QUE ES AMABLE EN SUS PALABRAS, SE HACE QUERER MÁS QUE QUIEN OBSEQUIA MUCHOS REGALOS.

(S. Biblia, Libro de Eclesiástico)

21

Imaginémonos que estamos asistiendo a nuestro propio funeral

Cuando el emperador Carlos V fue a pasar sus últimos años de vida a un convento de monjes para prepararse a bien morir, un día dispuso que los religiosos lo llevaran al templo en un ataúd abierto y le cantaran su funeral, para tratar de calcular qué era lo que iba a sentir acerca de su vida pasada cuando le estuvieran celebrando sus exequias. Y aquella ceremonia lo impresionó profundísimamente.

Buen remedio. Esta estrategia resulta un poco atemorizadora para algunas personas pero se ha comprobado que es un remedio muy provechoso para enseñarnos a distinguir qué es lo más importante que debemos hacer y evitar en nuestra vida de cada día.

La calavera. Santos muy famosos como San Carlos y San Luis y muchos otros, tenían sobre su mesa de trabajo una calavera y al mirarla se preguntaban frecuentemente: «Cuando mi cabeza sea como esta calavera, ¿qué desearé haber hecho, dicho, pensado y evitado? Si

Escriba una carta amable

Imagine
estar asistiendo
a su propio funeral

todavía tengo tiempo para hacer lo bueno y evitar lo malo, ¿por qué no aprovechar este tiempo que aún me queda?».

¿Algo desalentador? ¿Cuántos de nosotros al mirar hacia nuestra vida pasada podemos sentirnos contentos de lo que hemos sido? En la mayoría de los casos cuando la gente vuelve la vista atrás para contemplar su vida pasada como desde un lecho de muerte, desearía que sus prioridades hubieran sido muy diferentes, que sus obras buenas hubieran sido mayores, más numerosas y bien hechas, y que sus actuaciones pecaminosas hubieran sido muchísimo menos frecuentes y menos graves.

Buenos propósitos. Cuando miramos la vida como si la estuviéramos contemplando desde el ataúd de nuestro funeral, lo más probable es que desearíamos **«no habernos disgustado por pequeñeces»**, haber pasado más tiempo con la gente ayudándola y haciéndole pasar ratos sanamente felices, haber dedicado más tiempo a la oración y habernos dedicado con más entusiasmo a actividades en favor de los otros, haber dedicado muchísimo menos tiempo a tantas cosas que a la luz de la muerte y de la eternidad tienen muy poquito valor y no son tan importantes.

Buen examen. El hecho de acostumbrarnos a contemplar nuestra vida como si la estuviéramos mirando desde el ataúd de nuestro entierro nos permitirá volver la vista hacia la vida de cada día para calificarla debidamente y aprovechar la oportunidad de realizar en ella los cambios y mejoras que más se necesitan y que todavía le podemos hacer.

Mirar hacia el futuro. Aunque parezca un poco atemorizador, resulta sumamente provechoso mirar nuestra propia vida desde nuestra propia muerte, porque esto nos puede recordar qué clase de persona deberíamos tratar de llegar a ser; qué errores y equivocaciones debemos esforzarnos por evitar, y esto puede servirnos también como una **fuerte llamada de atención** para que emprendamos algunos cambios que estamos necesitando con mucha urgencia en el propio modo de proceder para que al morir podamos contemplar en el éter azul la sonrisa de Dios.

«Piensa en lo que te espera al final de tu vida, y así evitarás muchos pecados»

(S. Biblia. Eclesiástico).

¿Por qué no estar siempre alegres y de buen genio si la sana alegría viene de Dios?

22 Repitámonos frecuentemente: «La vida no es una emergencia»

Se llama «emergencia» a una situación grave, la cual es necesario solucionar rápidamente. El título de este capítulo es como el resumen de todo lo que deseamos enseñar en el presente libro. Que la vida no es una emergencia. Es importante recordar esto, pues, aun sin darse cuenta, la mayor parte de las personas que se angustian y se afanan, deben sus preocupaciones a que consideran la vida diaria como una emergencia, como algo muy grave que es necesario solucionar rápidamente, y en realidad, que no es así.

Casos lamentables. He tenido centenares de clientes a lo largo de muchos años en mi consultorio, que han descuidado el cariño que les deben demostrar a sus familiares y la alegría de vivir en paz la vida de cada día, debido a la propensión que tienen de creer que la vida es una emergencia. Justifican su comportamiento neurótico mediante la creencia de que si no trabajan ochenta horas por semana no lograrán acabar de hacer todo lo que deben realizar. Frecuentemente les recuerdo que **cuando mueran, sus carpetas de cosas pendientes seguirán estando llenas.**

Una esclava de su propia ley. Tuve que atender la consulta de una señora madre de tres hijos que vivía carcomida por la angustia y decía: «Es que no logro tener la casa perfectamente limpia y arreglada cuando los hijos se van al colegio y cuando el marido llega por la tarde». Estaba tan alterada por su deseo de ser perfecta que hubo que recetarle un remedio para los nervios. Ella misma se había fabricado «una camisa de fuerza» que la esclavizaba y atormentaba. Parecía como si le estuvieran apuntando con una ametralladora diciéndole que le obligaba tener todos los platos perfectamente lavados y bien secados, todos los muebles sin un triz de polvo, todas las toallas bien dobladas... y si no... ¡Había convertido la vida diaria en una emergencia! ¿Y quién le había impuesto esa ley tan angustiante? Ella misma y nadie más. ¡Qué equivocación tan dañosa!

No hay excepciones. Nunca he conocido en mi larga vida a nadie (incluido yo mismo) que no haya convertido cosas pequeñas en grandes emergencias, amargándose así inútilmente la vida, y amargando a veces la vida de los demás. Tomamos tan en serio el realizar lo que nos hemos propuesto conseguir, que olvidamos divertirnos por el camino y gozar sana y tranquilamente de la vida de cada día, sin convertir en esclavitud lo que nos hemos propuesto hacer y conseguir. A simples gustos y sencillas preferencias las convertimos en condiciones tan serias que si no las conseguimos ya creemos que no podemos ser felices.

No esclavizarse. Muchas veces nos disgustamos seriamente si no podemos cumplir con los planes que nosotros mismos nos hemos propuesto (precipitación se llama este defecto). Lo primero que tenemos que reconocer es que en la mayoría de los casos somos nosotros mismos los que hacemos que las cosas se vuelvan un problema, sin que ellas lo sean en realidad, las convertimos en trágicas emergencias. ¿Acaso es que no podemos seguir siendo felices aunque las cosas no sucedan de acuerdo con lo que habíamos planeado? ¿Quién dijo que los planes que habíamos hecho y los plazos que nos habíamos trazado eran infalibles y que no podían ser de otra manera? Por eso repitamos una y otra vez, sobre todo cuando tengamos tendencia a afanarnos o disgustarnos: «**La vida no es una emergencia**», y hagamos de nuestra existencia un viaje sereno y tranquilo hacia la eternidad feliz que nos espera y no una carrera llena de afanes y sustos que lo único que lograría conseguir sería una úlcera en el estómago y un derrame cerebral, de todo lo cual nos libre Nuestro Señor. Amén.

> **A quien el demonio logra que cometa grandes pecados, trata de que viva con preocupaciones que le angustien.**
>
> **(San Francisco de Sales)**

P. ELIÉCER SÁLESMAN

BIBLIOTECA DE BOLSILLO No. 4

Pepitas de oro

Pepitas de oro

Existe un librito que trae paz al alma y alegría al espíritu.

Se llama:

PEPITAS DE ORO

23 Utilicemos el sistema del «fuego lento»

El sistema del «fuego lento» consiste en dejar que la mente resuelva un problema mientras nosotros nos ocupamos en otras cosas. Es **«la milagrosa labor del subconsciente»,** el cual va trabajando alrededor de una idea, calladamente, pero de manera continua, hasta encontrarle una aceptable solución. A veces sucede que dejamos en la mente esta pregunta: «¿Cómo y dónde encontrar solución para tal y tal problema?». Sosegadamente, con toda la calma posible, dejamos estas preguntas en el subconsciente y mientras tanto nos dedicamos a nuestras labores, y cualquier día, a la hora menos pensada y donde menos nos imaginábamos (quizás mientras nos amarramos un zapato) nos llega instantáneamente la solución. Es la respuesta que el subconsciente (que nunca duerme) fue buscando poco a poco hasta que logró encontrarla.

El oficio del fuego lento. Para que ciertos alimentos queden más sabrosos y menos indigestos, los colocamos en la estufa con una llama muy suave, y allí lentamente se van cocinando y mezclando, hasta convertirse en una sabrosa comida. El proceso fue éste: mezclar los ingredientes, y dejarlos dentro de la olla, tranquilos, con fuego suave y lento, sin más intervenciones nuestras. Y esperar los agradables resultados.

El oficio de la mente. Algo muy parecido tenemos que hacer con nuestros problemas, ya sean grandes, ya sean menos importantes. Colocarlos calmadamente en nuestra mente. Pedir al Espíritu Santo que nos ilumine las soluciones más oportunas. Consultar quizás con alguien experto en esos temas, o en algún libro que hable de esto, y esperar, esperar tranquilamente. O como decían los antiguos: **«darle tiempo al tiempo».** Hay un refrán que dice: «el tiempo no respeta lo que se hace sin él», lo cual quiere decir que las soluciones a las cuales no se les dejó el suficiente tiempo para madurar, se quedan sin llegar a ser lo completas y útiles que habrían podido ser.

El caso de un gran sabio. Se cuenta de Santo Tomás de Aquino, el más grande sabio de la Iglesia Católica, que cuando tenía que resolver una cuestión difícil la dejaba reposar en su mente, la encomendaba a Dios, leía algo al respecto, consultaba, y después lentamente y sin afanes, aguardaba a que el cerebro iluminado por el Espíritu Santo le encontrara la solución. Y sucedió algunas veces que en pleno almuerzo, y aun en presencia del rey o de otros personajes, daba un puñetazo en la mesa, emocionado, y decía: «Encontré la solución para una cuestión muy difícil». Y más tarde se iba a su habitación a escribirla.

Nuestros casos concretos. Cuando nos encontramos luchando por resolver un problema, o por recordar el nombre de una persona, etc., empleamos el método del fuego lento. Pongamos a trabajar la mente, el pensamiento; y de manera suave, silenciosa y a menudo muy poderosa y efectiva, nos irá consiguiendo las respuestas que deseamos obtener y que no lográbamos conseguir de manera inmediata. Esto no significa que nos dediquemos a la indecisión o a negarnos a obrar rápidamente, sino que cuando una solución no se nos presenta con rapidez y claridad, dejemos a la mente que con calma y tiempo se dedique a buscarla. En el cerebro tenemos catorce mil millones de células o neuronas que aguardan ansiosas que las pongamos a trabajar para encontrar soluciones a los problemas, así como los componentes de un computador esperan que les alimentemos con datos para devolvernos las respuestas que esperamos conseguir.

Sin afanes. Si al alimento en vez de dejarlo un buen tiempo cocinándose a fuego lento, le aumentamos el fuego y queremos que se cocine antes de tiempo, nos va a quedar quemado, y con menos sabor. Así las ideas. Si pretendemos que el cerebro se afane por encontrar soluciones sin darle tiempo de analizarlas detenidamente, se puede cumplir en nosotros lo que decían del panadero imprudente: «en la puerta del horno se le quemó el pan». La precipitación es señal de debilidad.

Coloquemos una idea o solución en el subconsciente, y el día menos pensado él nos dará la respuesta esperada.

Dedicar un momento cada día a pensar en alguien a quien debemos darle las gracias

El tarjetero. En Estados Unidos al final del siglo XX se hizo famoso un ciudadano que se propuso recordar cada día a una persona que merecía darle las gracias, y enviarle una tarjeta de felicitación y agradecimiento, diciéndole la razón por la cual le estaba agradecido. El resultado fue el que centenares de personas se sintieron más felices desde entonces y muchísimos le retribuyeron sus señales de aprecio y gratitud con bondadosos mensajes. El autor de la idea la recomendó a otros y pronto miles y miles de mensajes de gratitud recorrieron el continente, aumentando el afecto y cariño entre los seres humanos de ese país.

Una frase y una costumbre. En la Sagrada Biblia leí una frase que me impresionó. Es del simpático libro llamado Eclesiástico. Dice así: **«Quien agradece un beneficio, obtiene que se le concedan muchos beneficios más».** Esto lo dice especialmente de los favores que debemos agradecerle a Dios, pero sirve también para los beneficios que recibimos de los seres humanos. Desde que leí esta bella noticia me propuse hacer dos cosas cada día: recordar un beneficio recibido de Dios, y darle las gracias, y pensar en alguna persona hacia la cual yo debo sentir gratitud. Esto me produce mucha paz en el alma y aumenta el amor en mi corazón. Y hasta me consuela (con un poquito de santo orgullo) el recordar lo que dicen los sabios: que los sentimientos de gratitud son señal de que tenemos un corazón noble.

Larga lista. Como mis lectores se parecen mucho a mí en los más nobles sentimientos, puedo afirmar que todos nosotros tenemos una larga lista de personas a las cuales les debemos estar muy agradecidos: amigos, familiares, profesores, compañeros, sacerdotes, colaboradores, médicos, enfermeras, conductores, personas que nos preparan los alimentos o nos atienden en la ropería, gentes que nos demuestran cariño y aprecio. Alguien que nos dio una oportunidad de poder ser útiles a la sociedad, e incontables personas más. Y ante todo tenemos que agradecer a Dios Nuestro Creador y maravilloso Benefactor que no deja un solo día de prodigarnos sus ayudas y favores.

A quiénes preferir. Al pensar en las personas a las que debemos demostrar agradecimiento no hay que recordar solamente a quienes nos han hecho extraordinarios favores, sino también a quien nos cedió el paso en medio del tráfico, a quien nos dio una dirección que buscábamos en la ciudad, al taxista y al conductor del bus, al que trae la leche o el periódico, a la que hace el aseo de los pisos del edificio. La mejor hora quizás para hacer una lista de personas a las cuales queremos agradecer, será la primera de la mañana, pues estamos más frescos mentalmente. Pero cualquier hora del día es buena para esta noble labor.

Una gran ventaja. Hace mucho tiempo descubrí lo fácil que es para mi mente el dedicarse a ver y recordar los lados negativos que tienen la vida y las personas. Si me fijo en esto me lleno de resentimiento y de rencor. Pero si en cambio me dedico a pensar en las personas que merecen mi gratitud, noto enseguida que el afecto y el aprecio reemplazan al resentimiento y a la frustración. La ventaja de este ejercicio es que me lleva a centrarme en lo bueno que ha sucedido en mi vida, y en la bondad de los que me han tratado. Y al pensar en las personas que me han hecho favores, instintivamente mi pensamiento se dirige hacia tantas cosas buenas que Nuestro Señor ha permitido que me sucedan, mi salud, mi familia, mi profesión, mis amistades, mi religión, mis éxitos, pequeños y grandes, y la amistad con el Dios Santísimo del cielo. Hagamos el ensayo. Si nos dedicados a cultivar pensamientos de gratitud, resultará casi imposible sentir otra cosa que no sea alegría y paz.

Quien agradece un beneficio, obtiene que Dios le conceda muchos beneficios más.

(S. Biblia, Eclesiástico)

25

Sonreír - Mirar a los ojos - Saludar

Dicen que uno de los mejores métodos para conservar un rostro agradable consiste en mirarse al espejo tres veces por día y mientras se va recordando un favor que Dios nos ha hecho, sonreír alegremente. Muchas personas han ensayado este método (quizás sin mirarse al espejo, sobre todo los hombres, para no desanimarse) pero sonriendo alegremente al recordar un favor recibido del cielo.

Recibimos lo que damos. La vida es como un espejo. Si miramos al espejo con cariño y le sonreímos, él nos devolverá una mirada de cariño y una sonrisa. Pero si lo miramos con ira o desprecio, y le mostramos una cara agria y antipática, el espejo nos devolverá también una mirada despreciativa y una cara agria. Algo parecido nos sucede en la vida. Si vamos repartiendo miradas amables y sonrisas bondadosas, otras personas tratarán también de respondernos de la misma manera.

Retrato del alma. El rey Salomón en los *Proverbios* dijo: «Lo que una persona piensa y siente en su interior se manifiesta en su rostro, ya sea lo alegre, ya sea lo triste». Es casi imposible encontrar a alguien que camine con la cabeza muy agachada, la frente arrugada, el rostro demasiado serio y sin querer mirar a nadie, y que a la vez esa persona sea alegre y muy amable.

Un feo regalo. Un papá le decía a su hijo: «¿Por qué nos regala todos los días algo tan antipático como ese rostro suyo triste y con muestras de desagrado? ¿No sabes que el rostro no nos pertenece, sino que es un regalo que nosotros vamos dando a todos los que nos ven? ¿Por qué no regalar a los demás un rostro más alegre, una mirada más amable, que los haga más felices?» El joven entendió la lección. Pero para lograr que su rostro empezara a ser más simpático fue necesario enseñarle a llenarse de pensamientos alegres y positivos, porque según lo que el individuo esté pensando, así será lo que irá demostrando en su rostro.

Una buena estadística. Decía San Francisco: «De cada diez veces que he demostrado simpatía y amabilidad hacia los demás, nueve veces he recibido también muestras de simpatía y amabilidad». Si repartimos amabilidad, recibiremos amabilidad. Si repartimos aspereza y agriedad, eso mismo será lo que iremos recibiendo también de parte de los otros.

Sin mentiras. No estoy aconsejando que sea mejor dedicarse a manifestar una amabilidad exterior postiza, sin sentir nada interiormente. Eso sería hipocresía, enmascararse de amabilidad mientras se tiene un alma fría en amor hacia los demás. No es fingir que somos cordiales sin serlo de verdad. Es necesario sentir hacia los otros un verdadero aprecio y hasta afecto espiritual. Cada ser humano que tratemos es hijo de Dios, hermano de Jesucristo, heredero del cielo, y hecho, en su alma, a imagen y semejanza de Dios. Esas personas que tratamos tienen familia, personas que les quieren bien y les estiman, y además un montón de cualidades espirituales que aunque no aparezcan por el momento, sí existen en su interior. Por cada una de ellas murió Jesucristo y está rezando en su favor ante el Padre Celestial. Son, pues, personas muy importantes para Dios y deben serlo también para nosotros.

Cortar el hielo. Frecuentemente advertiremos lo bondadosa y agradecida que se muestra la gente cuando somos nosotros los primeros en brindarles demostraciones de aprecio y amabilidad. Todos somos tan semejantes, y así como nosotros nos sentimos contentos y satisfechos al recibir muestras de aprecio y de cariño, aun de personas poco conocidas, así les sucederá a quienes les demos demostraciones de cordial amabilidad. Y además cosecharemos un **fruto muy agradable,** que es nuestra propia felicidad, pues se cumplirá en nuestra vida lo que anunció el libro santo: **«Es mejor y produce mayor felicidad, el dar que el recibir»** (Hech. 20,35).

Preguntas indiscretas. ¿A cuántas personas he mirado a los ojos al saludarlas?... ¿Cuántas sonrisas he repartido últimamente?

Hay que pedir a Dios cada día el don de la simpatía.

BIBLIOTECA DE BOLSILLO No. 10

25 SECRETOS PARA TRIUNFAR

Quien desea adquirir una personalidad

muy simpática

debería leer el hermoso folleto:

"25 REGLAS DE ORO PARA TRIUNFAR"

26

Dedicar unos minutos al silencio

Los sabios dicen: «La palabra distrae. El silencio fortifica, perfecciona y santifica».

Ante ciertos enfermos los médicos recomiendan «rodearlos de silencio». ¿Será que el silencio es un tónico, algo que suaviza los nervios? Sí que lo es. Con el silencio nos podemos poner más fácilmente en comunicación directa con el mejor médico e iluminador que existe, nuestro Dios y Creador.

Las más oportunas y más verdaderas respuestas a sus inquietudes las encuentran muchas veces los que saben permanecer buenos ratos en silencio. Los que tienen que estar empleando continuamente palabras y palabras, pueden estar demostrando con esto que están vacíos de ideas.

Los campesinos dicen: «Los toneles vacíos hacen mucho ruido».

Costoso pero provechoso. El silencio cuesta al principio, pero después vemos que nos produce tan buenos frutos, que espontáneamente nos iremos volviendo silenciosos, y serán tales las dulzuras y la paz que experimentaremos, que el cuerpo y el espíritu se verán inclinados fuertemente a permanecer en silencio. Los que dan los primeros pasos en el esfuerzo por permanecer buenos tiempos en silencio sufren un poco al principio pero luego notan que les trae tanta paz, que se aficionan a permanecer callados.

Las mejores ideas. El muy sabio y muy santo monje benedictino, Columba Marmion, autor de famosos libros de espiritualidad que han sido traducidos a diversos idiomas, narra lo siguiente: «Las mejores y más provechosas ideas para mis escritos se me ocurrieron en aquellos tiempos en los que el reglamento de nuestros monasterios nos recomienda que permanezcamos todos en absoluto silencio. Y he llegado a convencerme que sí es muy cierto lo que afirman los antiguos sabios: que el silencio es fecundo en buenos pensamientos».

Agradables frutos. En los muchos años que he trabajado ayudando a la gente a evitar el estrés no he conocido a una sola persona verdaderamente equilibrada que no dedique unos buenos ratos de cada día a permanecer en silencio. O dedican unos cuantos minutos a la meditación, o salen a pasear por un bosque solitario, o se quedan frente a su ventana mirando a lo lejos, etc. Es que poder estar solo un tiempo cada día, con uno mismo, constituye un factor muy importante para obtener que nuestra existencia sea más pacífica y placentera.

Lo contrario. En un mundo tan lleno de ruidos, de noticias, de gente que más que ir caminando va casi corriendo, cuando logro permanecer varios minutos en silencio consigo que el resto del día parezca más manejable. Cuando no lo logro conseguir noto de verdad la diferencia y soy menos feliz y menos equilibrado.

Pequeño ritual. Me formé la costumbre de detenerme cada día unos minutos en la avenida cercana a mi casa, antes de entrar a mi hogar, y dedicarme a contemplar los árboles, el cielo, las nubes, arreboles, y a la naturaleza tranquila y majestuosa. Esto aumenta mucho la paz de mi espíritu. Y he logrado enseñar este pequeño ritual a otras personas que se quejaban de no tener tiempo para el silencio. Les he dicho que apaguen por unos minutos el radio de su carro y dirijan la vista hacia el horizonte. Todos me han dicho que ahora son más felices que cuando vivían sumergidos en el ruido del radio y del televisor, y la charladera inútil que les atronaba los oídos. El silencio produce paz.

«En el silencio y el retiro progresan las almas fervorosas»

(S. Biblia).

Procuremos comprender primero

Este método es muy recomendado por los que enseñan a obtener una personalidad agradable y simpática. Es una forma sencilla y eficaz de convertirse en una persona más satisfecha y que obtiene mayores éxitos en su trato social.

En qué consiste. En esencia el «procurar comprender primero» es un esfuerzo por tratar de comprender y apreciar lo que los otros piensan, opinan y hacen, en vez de dedicarse a tratar de que nos comprendan ellos a nosotros. Se parte de este principio: que si queremos que haya una comunicación provechosa y agradable con los demás, debemos esforzarnos por comprenderlos y apreciarlos.

Consecuencias. Cuando comprendemos qué es lo bueno que las otras personas más aprecian y desean, qué es lo más importante para ellas y qué están intentando conseguir con más urgencia, y damos importancia a todo esto, automáticamente iremos obteniendo que los demás también traten de comprendernos y apreciarnos a nosotros y a nuestras ideas y anhelos. Pero si hacemos lo contrario (que desafortunadamente es lo que más acostumbramos hacer) y solamente nos preocupamos de lo que deseamos y apreciamos, sin importarnos los gustos y buenos deseos ajenos, estamos colocando el carro delante del caballo y la comunicación con los otros se entraba y se paraliza y convertimos la vida en una plena competencia entre dos egos. Con razón repetía el célebre Carnegie en su bellísimo libro *Cómo ganar amigos:* **«Se consigue muchísimo más en un mes interesándose por los demás, que en dos años tratando de que los demás se interesen por nosotros».**

La pelea de dos esposos. Estuve tratando de arreglar el problema de un matrimonio en el cual las peleas eran muy frecuentes porque él no podía entender por qué su esposa gastaba y gastaba dinero en tantas cosas secundarias, y ella no era capaz de comprender por qué su marido era tan calculador y pensaba tanto antes de hacer cualquier gasto. Ninguno de los dos se sentía comprendido por el otro. Mi primer consejo fue que aprendieran a dejar de interrumpirse y que escucharan con atención lo que el otro decía. Luego los fui acostumbrando a que en vez de limitarse cada cuál a defender su propia postura y opinión se dedicara a tratar de comprender y entender al otro. Así lo hicieron. Ella se enteró de que su esposo se medía muchísimo en los gastos porque temía que le sucediera un descalabro económico, un desastre financiero como les sucedió a sus papás por dedicarse a gastar dinero en lo que no era necesario. Tenía miedo de que le pudiera sobrevenir también a su hogar una ruina económica. Y el marido se enteró de que su esposa se sentía temerosa de no poder brindar a su esposo las comodidades y lujos debidos para que se sintiera bien en su casa, pues su mamacita había perdido el marido porque éste no se sentía muy cómodo en su hogar, por lo pobre y estrecho, y en cambio en el de su amante sí se sentía con más comodidades y lujos. **Resultado:** al aprender cada uno a comprender al otro, la repulsión que sentían por su modo de obrar se convirtió en compasión y comprensión. Y en la actualidad el matrimonio lleva una bonita vida en medio de unos gastos que ya no son ni exagerados ni tacaños, y la felicidad volvió a reinar en aquel hogar.

Otros efectos. Si practicamos el método de esforzarnos por tratar de comprender el punto de vista de los demás, advertiremos que las personas con las que nos comunicamos se sentirán escuchadas, apreciadas y comprendidas. Y de esto provendrá una mejor relación de amistad y podrán repetir acerca de nosotros lo que dijo el poeta: «Amo a mis amistades más comprensivas, como amo a mis zapatos viejos y a mi viejo abrigo, porque se han adaptado suavemente a aquellos defectos y deformidades que ya no logro corregir».

Jesús manso y humilde de corazón, haz nuestro corazón semejante al tuyo!

Existe un librito muy provechoso para aprender a amar bien. Su titulo es:

**"EL AMOR:
SUS CUALIDADES Y
PELIGROS"**

28

Aprender a escuchar

Decía el apóstol Santiago: **«Sean prontos para oír y tardos para hablar»** (Sant. 1,19). El arte de saber escuchar a los demás es algo difícil de adquirir pero produce después muy provechosos resultados. Existen personas que son de pocas palabras y sin embargo su trato es muy agradable porque tienen el don de saber escuchar a los demás. Un sabio afirmaba: **«La persona amable, convierte en oro las palabras que nosotros decimos».** Muchos en cambio, por no darle importancia a lo que dicen los demás, no tenemos un trato que sea muy agradable para ellos.

No basta con no interrumpir. Dice el libro de los Proverbios: **«Responder antes de acabar de oír lo que el otro acaba de decir, es falta de prudencia»** (Prov. 18,13). La costumbre de interrumpir a los demás antes de que acaben de completar su frase es muy inconveniente. Pero no basta con no interrumpir. Es necesario sentirse complacido en escuchar la totalidad del pensamiento de quien habla con nosotros, en vez de mostrarse impaciente por aprovechar la primera ocasión para responder.

Un síntoma. Nuestra incapacidad para escuchar es un reflejo de la forma tan precipitada como vivimos. A menudo cuando charlamos con los demás actuamos como si se tratase de una carrera. Es casi como si nuestra meta fuera no dejar ni un solo espacio en blanco entre la conclusión de la frase de la persona con la cual estamos hablando, y el comienzo de la nuestra.

Lo que se oye. Basta ponerse uno a escuchar la charla de la gente. Da la impresión de que nadie está escuchando de verdad a su interlocutor, más bien parece que se turnan para desoírse mutuamente. Un día le pregunté a un amigo: «Oiga, ¿yo hago también eso mismo en las conversaciones?». Y con una sonrisa en los labios me contestó: «Casi siempre. O por lo menos la mayoría de las veces».

Algo que trae ganancia. Volvernos un poquito más lentos en responder y aprender a escuchar mejor, nos ayuda a convertirnos en individuos más calmados y menos imprudentes en las respuestas. Esto nos libra de muchas presiones y hasta de desgastes nerviosos. Si analizamos bien el asunto nos daremos cuenta de que requiere una enorme cantidad de energía el estar sentado al borde de la silla intentando adivinar lo que la persona que tenemos delante (o al otro lado del teléfono) va a decir, de modo que podamos dispararle de inmediato la respuesta.

Pero si aguardamos a que la gente con quien estamos hablando acabe, si nos limitamos a escuchar con mayor atención lo que está diciendo, advertiremos que desaparece la presión y el desgaste nervioso que experimentábamos antes. De inmediato nos sentiremos más descansados, y lo mismo sucederá a la gente que habla con nosotros. Sentirán que pueden disponer tranquilamente del tiempo para decir lo que quieren, y que no están en una «competición de emisión» para ver cuál es el que dice más cosas.

Una ley común. A todo el mundo le encanta hablar con alguien que le escuche de verdad lo que está diciendo. Por eso, convertirnos en personas que saben oír mejor a los demás, no sólo aumentará la propia paciencia, sino que mejorará mucho la calidad de nuestras relaciones humanas.

Hay que ser prontos para escuchar y lentos para hablar.

(Apóstol Santiago).

29

No convertir cualquier tontería en una pelea

De los antiguos moradores de la violentísima región llamada «Magdalena Medio», dejó escrito un historiador del siglo XVII: «El día que no han peleado con alguien, esa noche no logran dormir contentos». De muchas personas de nuestro tiempo quizás pueden repetir esta frase tan tremenda quienes tienen que tratarles en su vida diaria. ¡Y es una lástima!

Bella descripción. De Jesús dice la Sagrada *Biblia:* «**No gritaba, no discutía,** no peleaba. A la lámpara medio apagada no la acababa de apagar, y a la caña medio partida no la acababa de partir» (Is. 42). Y el mismo Cristo recomendaba: **«Quien se encoleriza con otro y le dice palabras ofensivas merece condenación del tribunal.** A quien te golpea en la mejilla derecha ofrécele también la otra. A quien quiera pleitear contigo para quitarte la túnica, dale también el manto. No resistan con violencia al mal» (Mat. 6).

Dos oportunidades. La vida está llena de oportunidades para escoger entre hacer una tormenta en un vaso de agua, o simplemente dejar correr las cosas comprendiendo que no tienen tanta importancia como para que merezcan armar una pelea por causa de ellas. Si sabemos escoger bien, no nos dedicaremos a armar batallas por boberías y reservaremos nuestras energías para emplearlas en luchas muy superiores que sí merezcan la pena.

No ahogarse en un vaso de agua. Hay cosas sumamente importantes por las cuales sí vale la pena en verdad luchar y esforzarse, discutir y hacer todo lo posible porque eso se arregle. Pero lo triste es que muchas personas en muchísimas ocasiones discuten, se enfrentan y hasta pelean por cosas que no valen la pena, y convierten su vida en una sucesión de batallas por «pequeñeces». Llevar este tipo de vida supone un continuo desgaste nervioso y lleva a la frustración.

Trágica receta. En mi larga vida de atención a quienes sufren de los nervios he constatado que la fórmula que produce un desgaste inútil y debilitador es ésta: «Tener como meta (consciente o inconscientemente) que todo se resuelva a nuestro favor, y según nuestros gustos y caprichos». Ésta es una trágica receta para conseguir frustración, desilusión e infelicidad.

Una cruda realidad. La verdad es que la vida raras veces resulta exactamente como nos gustaría que fuera. Y las personas a menudo no actúan como nosotros quisiéramos que actuaran. Durante toda nuestra existencia habrá aspectos de la vida que nos gustan y otros que no nos agradan. Siempre y en todas partes habrá gente que esté en desacuerdo con nosotros, personas que obran de manera que no nos gusta nada, y cosas que no resultan bien. Si nos resistimos a aceptar que esto sea así, nos vamos a pasar la vida dando batallas contra lo imposible de arreglar y gastando inútilmente las fuerzas de nuestro espíritu.

Hay que saber perder. Una canción popular se titula *Yo también sé perder.* Esto debería ser como un lema para quienes desean librarse del estrés y de vivir «quemando pólvora en gallinazos», como dice el adagio.

Un buen plan. Una manera más plácida y más tranquila de pasar la vida consiste en escoger bien qué batallas sí conviene dar y cuáles hay que evitar. Nuestra meta principal no debe ser que todo resulte a la perfección y conforme a nuestros gustos, sino lograr vivir una vida tranquila y libre del estrés, obrando lo mejor que podamos, pero sin afanes ni rabietas inútiles. Y para ello tenemos que convencernos de que las discusiones y batallas que tenemos alteran nuestro equilibrio y perjudican el sistema nervioso.

Batallas inútiles. ¿Es en verdad de tan grande importancia tratar de convencer al cónyuge o al compañero de que sí está equivocado en sus opiniones y en su modo de obrar? ¿Vale la pena hacer un drama porque alguien ha cometido una equivocación menor? ¿Es tan importante nuestra preferencia por un restaurante o una película, para armar por ello una discusión? ¿Un pequeño rayón a nuestro auto justifica un insulto al otro o una demanda? ¿El hecho de que el vecino dejó su carro parqueado hoy enfrente de nuestra casa merece llegar uno todo rabioso a cenar o a almorzar? Por estas numerosas cuestiones menores, muchísima gente se pasa la vida rabiando y peleando. **Echémosle una mirada a la**

lista de las cosas que nos hacen rabiar inútilmente haciéndole daño a la paz de nuestra alma y a la salud nerviosa. Si la lista de alguien que lee estas páginas se parece a la lista de las cosas que en un tiempo me hacían rabiar y disgustarme, es absolutamente necesario enmendarse y dejar de ser tan dañosamente malgeniados.

Si no queremos disgustarnos por pequeñeces resulta de enorme importancia el que sepamos distinguir por qué cosas y contra qué sí conviene luchar, y cuáles son las cosas o actitudes que no merecen hacer de nuestra vida una continua pelea y un disgustarse de cada día. Si lo hacemos, llegará el día feliz en el que rarísimas veces sentiremos la necesidad de demostrar disgusto por lo que sucede y ya no convertiremos cualquier tontería en una pelea. Y se podrá repetir también de nosotros aquella promesa evangélica: «**Dichosos los que trabajan por la paz, porque serán llamados hijos de Dios**» (Mt. 5).

A quien sigue a Cristo no le conviene pelear con nadie, sino ser amable con toda clase de personas.

(San Pablo).

30 No dejarnos llevar por los momentos anímicos negativos

Nuestros propios estados anímicos pueden ser tremendamente engañosos. Pueden hacernos creer que la vida es mucho peor de lo que resulta ser en realidad. Cuando estamos de buen humor la vida parece fantástica. Cuando el estado anímico es positivo miramos a lo lejos el horizonte de nuestra existencia con optimismo, las cosas no parecen tan difíciles, los problemas no se presentan como imposibles de resolver. Cuando estamos de buen humor las relaciones humanas corren fluidas y la comunicación resulta fácil. Si nos hacen una crítica la tomamos por el buen aspecto y hasta la aceptamos.

La otra cara de la medalla. Pero cuando nuestro estado anímico es negativo, la vida parece insoportablemente seria y difícil. El horizonte no lo vemos brillante y luminoso, sino oscuro y tenebroso. Tomamos las cosas demasiado en serio y vemos en los demás intenciones de ofendernos y de hacernos mal, que en ninguna manera las han tenido. Le conferimos motivaciones malignas a lo que ellos hacen o dicen.

Una trampa peligrosa. En esto se esconde una muy traicionera trampa que consiste en imaginarnos que nues-

Preguntarse: ¿tendrá esto importancia dentro de cinco años?

¡CUIDADO CON EL ESTRÉS!

tra vida ha empeorado de repente durante los últimos días e incluso durante las últimas horas. Y no es así.

Cambio radical. Sucede que alguien tiene por la mañana un estado anímico positivo y siente que ama a su familia y a sus colaboradores; le encanta su trabajo, y estima su auto. Se siente optimista respecto a su futuro y está agradecido por su pasado. Pero como nuestros estados anímicos cambian continuamente, a última hora de la tarde puede ser que su humor se haya vuelto negativo, y entonces siente que detesta su trabajo, piensa que su familia y sus colaboradores son gente cansona e inútil, cree que su auto es una chatarra y está convencido de que no va a tener éxito en su profesión. Si le preguntan por su infancia, va a decir que fue una época difícil y demasiado dura. Y hasta es posible que culpe a sus padres, familiares y educadores por su estado actual.

Todos a cual más. Esta situación parece absurda y hasta cómica, pero lo curioso es que todos somos así. Cuando tenemos un estado anímico negativo el horizonte de nuestra vida nos parece oscuro y todo se nos vuelve un problema. Olvidamos que cuando estamos de buen humor todo tiene un mejor aspecto. Todo lo vemos y apreciamos de un modo diferente según nuestro estado anímico. Así como cuando tenemos humor positivo la vida nos parece agradable y bonita, cuando nuestro estado anímico es negativo creemos que nuestra existencia se ha desmoronado en las últimas horas. Todo depende del lente con el que veamos la realidad.

Remedio. Es necesario convencerse de que la vida nunca resulta ser tan mala como parece ser cuando estamos bajos de moral y de humor. En lugar de quedarnos atascados en ese pesimismo digámonos: «Es verdad que me encuentro enojado, frustrado, deprimido, estresado, y que mi estado de ánimo es malo. Siempre que estoy deprimido tengo sensaciones negativas. Esa es mi condición humana inevitable; pero esto también pasará.

Un propósito. Para estas circunstancias deprimentes conviene hacer el firmísimo propósito de no tomar ninguna determinación importante mientras nos hallemos deprimidos y tristes. Sería un verdadero suicidio para nuestro futuro y el de nuestras actividades. El gran educador San Juan Bosco recomendaba: «Cuando alguien se encuentre deprimido, triste y de mal humor, **trate de no tomar ninguna determinación importante mientras esté en ese estado de ánimo,** porque después tendría que arrepentirse muy gravemente de semejante resolución».

Hay **un truco muy útil:** consiste en no tomar demasiado en serio esas horas amargas y negativas que a todos nos llegan **y dejar que pasen** hasta que sean reemplazadas por horas de optimismo y de visión positiva de la vida. Y seguir repitiendo: **«Esto también pasará».** Aguardemos con calma que eso también pasará, y quizás más pronto de lo que esperábamos.

Y puede ser que de nosotros se repita lo que dijo el salmista: **«Al ir iban llorando sembrando sus semillas. Al volver vuelven cantando trayendo sus gavillas. Lo que sembraban entre lágrimas, lo recogerán entre cantares»** (Salmo 126).

La vida es una oportunidad

Hay un letrero en la curva de una carretera que dice: «**La vida es una oportunidad.** No la deje pasar sin sacarle provecho para el bien de usted y de los demás». Siempre me ha impresionado ese letrero y creo que tiene mucha razón.

Cuando nos sentimos rodeados de problemas, de oficios que no se alcanzan a hacer, de dificultades, de contrariedades y de obstáculos insuperables, pensemos que éstas son unas oportunidades que Dios nos da para que saquemos a relucir nuestras capacidades, y la fe que obtiene milagros. Es una oportunidad que se nos presenta para luchar y esforzarnos, y no desanimarnos y confiar más en el poder y en la bondad del Omnipotente. Pero si nos formamos la idea de que en la vida todo debe ser fácil y según nuestros gustos, nos vamos a llenar de desilusiones porque no va a ser así. Dios da el alimento a las aves, pero no se lo echa en el nido. Tienen que ir a buscarlo. Dios quiere combatientes y no perezosos durmientes. Si ha permitido obstáculos en nuestra vida es porque quiere darnos una oportunidad de luchar y triunfar, de adquirir fuerza de voluntad y conservarnos humildes.

Ejemplos. Se nos presenta un problema serio en la vida. Preguntémonos: ¿qué oportunidad me ofrece este problema? ¿Por qué lo habrá permitido Nuestro Señor? ¿Qué buscará Él al permitirlo? ¿Qué provecho podré sacar de esta difícil situación? ¿Que hay un adolescente problemático o un jefe demasiado duro y exigente? ¿Que una tentación desagradable y tremenda nos ataca? Pensemos: ¿qué de bueno podré sacar de esta circunstancia? ¿Aumentará mi paciencia? ¿Me volveré más comprensivo y amable con los que son débiles? ¿Disminuiré un poco mi orgullo? Nos sorprenderemos al ver que ahora enfrentamos el problema de manera diferente. Ya no lo consideramos una trágica fatalidad, sino una oportunidad para aprender a sacar bienes del mal, y hasta para ganar mayores premios para el cielo.

Conclusión. En el próximo problema o asunto difícil que se nos presente, en vez de desanimarnos consideremos esto como un desafío, como una nueva posibilidad y una oportunidad para pagar pecados y de aumentar el brillo de nuestra corona para el día en que el Divino Juez venga a coronar a los vencedores.

Si por la tarde nos visita el llanto, por la mañana puede llegarnos la alegría.

(S. Biblia, Salmo).

32

No somos más porque nos alaben, ni menos porque nos critiquen

Una frase famosa. El libro católico que ha tenido más ediciones en el mundo, después de la Biblia, es el que se titula La imitación de Cristo. Fue escrito por Kempis diez años antes del descubrimiento de América, en 500 años ha obtenido más de tres mil ediciones, o sea, seis ediciones por año, y quienes lo leen obtienen cambios impresionantes en su modo de pensar. Pues bien: en ese libro hay una frase que ha servido de gran consuelo y animación a millones de personas en muchísimos países. Dice así: **«Tú no eres más porque te alaben, ni menos porque te critiquen. Eres lo que eres ante Dios, y nada más, ni nada menos».** La última frase de esta afirmación fue tomada de San Francisco de Asís, el cual por allá en el año 1200 ante el peligro de llenarse de orgullo por los que lo alababan, o de desanimarse por los que lo criticaban, se repetía a él mismo frecuentemente: «Francisco, tú eres lo que eres ante Dios, y nada más ni nada menos. Lo que digan los hombres mintiendo al alabarte no te hace ni un centímetro más agradable a Dios, y los que digan mintiendo criticándote, tampoco te quita ni un milímetro de lo que eres ante Dios. Él, y solamente

Él, es quien te dará la calificación diaria de tus comportamientos y la calificación final para señalarte tu puesto para toda la eternidad».

Una constante. Siempre habrá quienes nos critiquen, y afortunadamente habrá también gente que nos aprecie y felicite. Nadie tiene el ciento por ciento de admiradores ni el ciento por ciento de criticones. En una victoria electoral arrolladora en la que el candidato triunfador ha obtenido el 55% de los votos, queda sin embargo el 45% que deseaba que fuera otro el que ganara. El ser más perfecto de los que han vivido en esta tierra, nuestro Señor Jesucristo, aunque tuvo una inmensa multitud que lo aclamaba el domingo de Ramos gritándole el «Hossana», tuvo también una multitud furiosa que el Viernes Santo gritaba el «Crucifícale».

Algo para no olvidar. Cuando yo era un joven profesional, un día me llamó un veterano director de conciencias y me dijo: «Le advierto esto para que no tenga después que sufrir muchas desilusiones. No viva pendiente ni de las críticas ni de las alabanzas. Nadie le cae bien a todo el mundo. Recuerde lo que decía Jesús: «Vino Juan Bautista, que no comía y no bebía, y dijeron que era un endemoniado. Vino el Hijo del Hombre, que sí come y sí bebe, y dicen que es un borracho y un comelón. Porque a la gente le sucede lo que a unos muchachos caprichosos que juegan en la plaza y protestan contra los compañeros diciéndoles: «Entonamos canciones alegres y no quisieron bailar. Entonamos canciones tristes y no quisieron llorar» (Mat. 11,18). «Palo porque bogas y palo porque no bogas». Todo esto me lo dijo aquel veterano consejero. Y se me grabó para siempre porque al día siguiente de habérmelo dicho, él sufrió un accidente, cayó desde un segundo piso y murió. Sus palabras en estos consejos tan prácticos quedaron eternamente grabados en mi mente y me han servido muchísimo por años y años, y sobre todo me han librado del tormento de vivir pendiente de lo que los demás dirán de mí.

El pozo de las desdichas. En mi no corta vida he conocido a numerosas personas, llenas de vigor físico, con buenos puestos y una economía formidable, con grandes cualidades para triunfar, pero sumidas en ese **«pozo de desdichas» que se llama: ¿qué dirán?, ¿qué pensarán los demás de mí?** Y como nadie puede ilusionarse de ser «moneda de oro» que a todos gusta y que a nadie desagrada, necesariamente existen personas que les critican, y esto les convierte la vida en un **«infierno de tristezas»**. Y lo peor de todo es que esta clase de individuos masoquistas sienten un deseo suicida de saber qué están diciendo los demás en su contra. Y quienes les tratan al conocer ese deseo morboso de autoamargarse la vida, les van llevando los chismes de todo lo que los otros critican en su contra.

Conclusión. Les llega la principal causa que produce depresión: la autocompasión, y empiezan a darse a sí mismos «sentidos pésames». Por ej.: «Tanto que he trabajado por ellos y miren lo que dicen de mí. Tanto que me esfuerzo por ayudar y... vean lo que están hablando en mi contra». ¡Pocas personas son tan desdichadas en este mundo como las que viven pendientes de lo que dicen los demás en favor o en contra suya!

Remedio. Cuando alguien viene a consultarme su problema de angustiarse por lo que los demás dicen o piensan en su contra, siempre le advierto que **quien desea llegar a la perfección necesita pasar irremediablemente por la experiencia de la incomprensión.** Y que ojalá sea una incomprensión que provenga de las personas de las cuales menos se esperaba que llegara. Esto va independizando maravillosamente del «qué dirán» y «qué pensarán» y libra de vivir actuando o hablando para ser felicitados y estimados. Sólo Dios será el que en definitiva pagará nuestras buenas acciones y el que sancionará también nuestras faltas. Nadie se librará de las consecuencias de sus comportamientos, ya sean buenos, ya sean malos.

Otro consejo. A quien me pide consejo para librarse de ese **martirio inútil** que es el vivir preocupándose por si los demás alaban o critican, le repito aquellas palabras de San Pablo: «Si lo que busco es agradar a la gente, ya no seré buen seguidor de Cristo» (Gal. 1,10) y les recuerdo que la incomprensión les asemeja admirablemente al Salvador, el cual anunció lo siguiente: **«El discípulo no es superior al maestro. Si a Mí me incomprendieron y me trataron mal, también les sucederá eso mismo a mis seguidores»** (Luc. 6,40).

Buen final. Soy el primero en reconocer que prefiero la aprobación a la desaprobación. Que la alabanza y la felicitación me llenan de alegría y me animan a seguir adelante y me resultan muchísimo más cómodas que la crítica y la murmuración. Pero también tengo el temor de que en mí se pueda cumplir aquel anuncio del Divino Maestro: «¡Ay de Uds. cuando algunas gentes hablen muy bien de su modo de proceder. Tengan cuidado, porque así hablaban de los falsos profetas». O aquella otra amenaza suya: «Pobres de Uds., fariseos que viven buscando solamente agradar a la gente y aparecer muy bien ante los demás. Ya han recibido su recompensa en esta tierra, y no la podrán tener de parte de Dios en el cielo.

Preferible vivir deseando que nuestro comportamiento sea agradable al bondadísimo Dios que nos va a premiar en el cielo, en vez de vivir mendigando alabanzas en esta tierra de unas creaturas que nunca saben pagar como es debido.

¡Alerta.
Mucho Cuidado!
ANTES DE ACTUAR
O HABLAR,
CONECTE
SU CEREBRO !

NO SOY MÁS
PORQUE ME ALABEN
NI MENOS
PORQUE ME CRITIQUEN.

Leamos la

VIDA DE SAN FRANCISCO DE ASÍS.

Nos encantará

Practicar actos de amabilidad pero ahora mismo

En algunos automóviles he visto una calcomanía o autoadhesivo con este letrero: **«Practique actos de amabilidad, pero ahora mismo».** Es como un aviso para cuando un auto se nos atraviesa o se nos adelanta y queremos lanzar toda la adrenalina que nos está sobrando y estallar en maldiciones e interjecciones no muy santas. Pocas calcomanías he visto en mi vida que me hayan impresionado tanto como ésta. Es como una invitación a experimentar la alegría de demostrar amabilidad y paciencia sin esperar nada a cambio, casi sin hacer saber a los demás el bien que estamos haciendo.

Buena recompensa. Un hombre pasó a un automóvil en su carro sin darse cuenta y le cerró peligrosamente. El otro fue capaz de refrenar su ira y no le lanzó ninguna palabra ofensiva porque había aprendido a pensar que él también muchas veces por andar distraído había cerrado con su auto a otros, molestándoles la vida. Y poco más adelante, cuando llegaron al próximo peaje, el conductor del auto que iba adelante (el que había cerrado al otro), al llegar a la cabina del peaje pagó por los dos. Lo único que le pidió a la señorita que recibía el dinero fue:

«Dígale al que viene en seguida que le pido perdón por el disgusto que le proporcioné al cerrarlo, sin querer». El otro fue a pagar y oyó que le decían: «El de adelante ya pagó por Ud. y que perdone la molestia que le causó al cerrarlo». Este hombre dice que aquel detalle de amabilidad le recompensó muy bien el detalle de paciencia que él había tenido un kilómetro atrás al no estallar en cólera y al saberse callar a tiempo, y que esto lo impulsó a ser amable de ahí en adelante aun con los desconocidos.

¿Cuáles actos hacer? La inspiración divina y nuestra imaginación nos irán aconsejando cada vez qué actos de amabilidad debemos ir haciendo día por día. Quizás quitar del andén una corteza de fruta que iba a hacer resbalar y caer a un anciano. O ceder el puesto en el bus a un viejito o a una señora que lleva un niño en brazos. O colaborar en una obra comunitaria del barrio. O enviar un sobre sin remitente con un dinero a alguien que está pasando momentos económicos difíciles. Que Dios nos ilumine muchos actos más.

Una agradable promesa. Santa Catalina le pidió a Nuestro Señor que le iluminara algo que le agrada mucho a él y que obtenga bendiciones de Dios, y oyó una voz que le decía: «Nunca deje pasar un día sin hacer un favor a alguien». Dicen que leyó esto siglos más tarde Santa Teresa y se propuso cumplirlo a la letra. Pero una noche cuando se iba a acostar se acordó que aquel día por haber estar encerrada escribiendo, no había tenido la oportunidad de hacer un favor a alguien, y como no quería dejar pasar la jornada sin hacerlo, bajó las escaleras y encontró a la viejita encargada de la portería tratando de cerrar el cerrado portón, con gran dificultad porque sufría de reumatismo. La santa le ayudó a cerrarlo y viendo que por su reumatismo aquella viejita iba a sufrir mucho subiendo las escaleras, la alzó en brazos y la llevó así hasta la habitación de la ancianita en el tercer piso. La pobre portera lloraba de emoción y decía: «Pero, madre, ¿cómo se le ocurre llevar en brazos a una pobre vieja tan miserable?». Y la buena superiora le respondió: «Es que en este día no había podido hacer un favor a nadie, y no quería acostarme sin hacer siquiera uno».

Lema scout. El movimiento de los scouts tiene un mandato que cada joven debe cumplir exactamente: **«Cada día hacer una buena acción».** Nuestra recomendación es exactamente esa misma, pero añadiendo: cada día hacer siquiera una buena acción, pero con la mayor amabilidad posible». Y que se cumpla lo que anunció San Pablo: **«Dios premia a quienes saben ayudar con alegría»** (2 Cor. 9).

"Amense cordialmente unos a otros.
Estimen como superiores a los demás.
Rían con los que ríen,
y lloren con los que lloran.
Traten bien a toda clase de personas".

(San Pablo, Rom. 12)

34

Ver el bien y no el mal en los demás

El Divino Maestro nos dejó un programa formidable para nuestro comportamiento cada día respecto de las personas con las cuales tenemos que tratar: **«No juzguen y no serán juzgados. No condenen y no serán condenados por Dios»** (Mat. 7,1). Si cumpliéramos este mandato evangélico el mundo mejoraría totalmente y nuestro sistema nervioso se sentiría mucho mejor.

No culpables sino inocentes. Si nos fijamos en las actuaciones desagradables de los demás y vemos en cada individuo un **«culpable»** de eso que nos disgusta, terminaremos por volvernos unos ogros, unos seres hoscos y amargados para los cuales toda la gente es antipática. Pero si nos acostumbramos a ver en cada persona un **«inocente»** que no tuvo mala intención al obrar de la manera como ha actuado, nos iremos volviendo comprensivos, bondadosos y amables. Si vemos «culpabilidad y mala intención» en el modo como actúan los otros, seremos siempre unos desdichados y amargados. Pero si aprendemos a disculpar, pensando que no hubo mala intención ni deseo de ofender en eso que hacen, entonces sí que la paz de nuestra alma va a ser maravillosa.

El consejo de un médico. El famoso doctor Dyer decía en una conferencia: «Háganme la lista de todos los que los ofenden a ustedes y les amargan la vida. Y yo les recomendaré: No los juzguen. No los condenen. No vean malas intenciones en esas personas. Consideren que obraron así no por querer ofender a los demás, sino llevados por su nerviosismo, por su temperamento, por las ideas equivocadas que les han infundido, o porque nadie les enseñó a obrar de otra manera. Y cuando Uds. hayan aprendido a pensar de manera amable y bondadosa acerca de los demás, les puedo garantizar que empezarán una vida de paz y de admirable alegría. Los que necesitan cambiar no son los otros. Son ustedes quienes tienen que empezar a dejar de juzgar y de condenar e ir abandonando esa mala costumbre que muchos tenemos de ver mala intención y mala voluntad donde no hay sino ignorancia y debilidad de carácter. Quienes les han ofendido, si fueran capaces de ser distintos de lo que son, serían distintos de lo que son».

¿Y quién no? Todos tenemos actitudes raras y molestas para los demás. ¿Quién no las ha tenido? Si nuestros padres no nos hubieran tolerado cuando éramos unos adolescentes raros, inconstantes, malgeniados, introvertidos, rebeldes y huraños, ¿qué habría sido de nosotros? Si sólo hubieran visto mala voluntad en nuestras actuaciones, nos habrían echado de la casa. Pero comprendieron que era una cuestión de edad, crisis de crecimiento, desequilibrio emocional, y no sólo deseos de amargarle la vida a los demás. Otro tanto deberíamos hacer con los individuos de actuaciones raras y fastidiosas que debemos tratar. Considerarlos más como débiles nerviosos que como gente de mala voluntad.

Petición de socorro. Cuando alguien está de mucho afán y nos molesta insistiendo a que le apuremos en todo lo que hay que hacer, en vez de mostrarnos irritados y furiosos al responder, recordemos cómo nos comportamos también nosotros cuando tenemos urgencia de hacer y terminar algo muy rápidamente, y entonces en vez de ver «culpables» en quienes nos están urgiendo, veremos solamente «inocentes» que nos están pidiendo compasión a gritos.

Propósito. De ahora en adelante, cada vez que alguien actúe de una manera extraña, busquemos el verdadero motivo de su comportamiento. Tratemos de ser compasivos y comprensivos, y cuando empecemos a ver las actuaciones desde el lado donde las están viendo las personas que las hacen, en vez de disgustarnos y amargarnos como lo hacíamos antes, lograremos comprender su modo de actuar y llegaremos a ser notablemente más felices.

**Sean Bondadosos,
comprensivos, amables
con todos, como Cristo
lo ha sido con nosotros.**

(San Pablo)

35

Siempre es preferible ser amable que tener razón

El bello libro de la Biblia titulado *El Eclesiástico,* trae esta agradable noticia: «**Esfuércese por ser amable en su trato, y le amarán más que a los que hacen muchos regalos**». Esto es mucho decir, porque a los que hacen muchos regalos los amamos bastante.

Un peligro. Ya en el capítulo 12 hemos venido insistiendo en que cada día tenemos que escoger entre ser amables o tener razón. Es verdad que el corregir los defectos y errores de los demás puede llegar a ser un acto de caridad, según lo que dice el libro de los *Proverbios:* «**Más te ama quien te corrige de los defectos que tienes, que quien te alaba por virtudes que no tienes**». Ese bello libro bíblico insiste mucho en que es necesario y provechoso que corrijamos a tiempo a quien se equivoca, especialmente si son hijos, súbditos o gente joven. Pero en esto **existe un peligro:** que por no saber corregir en su debido tiempo o de maneras amables y en privado, y no delante de los demás, hagamos sentir mal a la otra persona y nos sintamos mal también nosotros. Y seamos tan exagerados en desyerbar el campo, que lo convirtamos en un desierto.

La lucha de dos orgullos. Cuando nos esforzamos por demostrar que tenemos razón y que los que se nos oponen no la tienen, puede trabarse entonces una lucha entre dos orgullos y entonces cada cuál queda más convencido de lo que antes opinaba, pero lleno de amargura hacia el otro. Por eso al tratar de corregir a quien se equivoca hay que demostrarle que lo que estamos haciendo no es tratar de imponer nuestro propio criterio y demostrarle que no está bien informado, sino obtener que sus actuaciones sean más provechosas para su propia vida y para la sociedad.

Ambos salen perdiendo. Cuando alguien humilla a otro y trata de rebajarle ante los demás, automáticamente su propio corazón, la parte compasiva de su personalidad, siente que esta actuación no ha sido lo que debía ser, y uno se va convenciendo que nadie logra ser verdaderamente feliz a costa de la felicidad de los demás.

Lo contrario. Por fortuna, lo contrario también es verdad. Cuando tratamos de elevar a las personas, de hacerlas sentir mejor, y compartimos su alegría, también nosotros nos sentimos mucho más felices.

Plan de vida. La próxima vez que tengamos la tentación de humillar a otro con palabras ofensivas, preguntémonos: ¿Qué es lo que trato de conseguir con esto? ¿Su corrección y su progreso? ¿Un desahogo de mi temperamento nervioso y orgulloso? ¿Qué prefiero: demostrar que sí tengo razón, o más bien mostrarme amable con todos? ¿Cómo desearía que me hicieran las correcciones? Pues así las debo hacer a los otros. Lo que no quiero para mí no lo debo hacer jamás a nadie.

Dejar el honor a otro. Estábamos charlando con un socio acerca de un negocio que nos había resultado muy bien y me elogiaba a mí mismo por haber tenido la brillante idea de ese negocio. Mi socio me felicitaba cordialmente. Pero más tarde me di cuenta de que la idea de aquel negocio no había sido mía sino de mi buen socio y le pedí excusas por no haberle dado los honores que se merecía, y él muy contento me dijo: «Yo me sentía muy contento viéndolo a Ud. tan feliz. Y además no me importa de quién vino la idea, sino que nos resultó provechosa». Él ese día prefirió ser amable antes que tratar de tener razón.

No confundir. Esto no quiere decir que tenemos que ser débiles y flojos y aceptar todas las burradas que los demás quieren propagar. Lo que hay que defender se defiende pero de buenas maneras y sin humillar a nadie. Pero si queremos ser personas felices y a la vez hacer felices a los demás, tenemos que aprender a poner la amabilidad por encima de nuestro deseo de demostrar que sí tenemos razón. Y podemos empezar desde hoy mismo con la próxima persona con la cual tengamos que tratar.

36

Demostrar ahora nuestro afecto y aprecio y no dejarlo para después

Una tarjeta. En ciertas librerías reparten una tarjeta con estas recomendaciones:

Prefiero que compartan conmigo ahora
unos minutos de amistad
y no una noche entera junto a mi cadáver
cuando ya me haya muerto.
Prefiero que estrechen cariñosamente mi
mano ahora en plena vida
y no que se inclinen reverentes frente a mí,
cuando esté en el ataúd.
Prefiero que me hagan una llamada de tres
minutos ahora que les puedo oír en esta tierra
y no que hagan un viaje de todo un día
para asistir a mi funeral.
Prefiero que me regalen una sola flor con
cariño ahora,
y no que me lleven una bella corona
cuando ya sea cadáver.

Prefiero que me encomienden en sus
oraciones ahora que tanto lo necesito
y no que se contenten con rezarme un
responso cuando ya sea difunto.
Prefiero que me digan unas palabras de
afecto y aprecio ahora que tratan conmigo
y no que reciten un poema en mi honor
cuando me lleven a la sepultura.
Prefiero que hablen bien de mí ahora
mientras me tienen presente en esta tierra
y no que me compongan un hermoso
epitafio para cuando ya esté sepultado.
Prefiero que ahora me brinden pequeños
detalles de cariño y amistad
y no que me ofrezcan una gran
manifestación el día de mi entierro.
Prefiero que me hablen francamente
aunque con algo de nerviosismo ahora que
estoy aquí presente
y no que se dediquen a lanzar grandes
lamentos cuando ya me haya muerto.

Aprovechemos este tiempo que nos queda para valorar, apreciar y demostrar amor a nuestros seres queridos, ahora que todavía están entre nosotros.

Y no dejemos para demostrarles nuestro aprecio y afecto cuando ya hayan pasado a la eternidad.

Esta tarjeta bien merece que la volvamos a leer y releer.

37 Practiquemos la humildad

Una promesa. El Evangelio cuenta esta noticia: **«Quien se humilla será enaltecido».** Y el apóstol Santiago añade esta otra: **«Dios concede sus gracias y ayudas especiales a los humildes».**

Amigas inseparables. La humildad y la paz interior van siempre de la mano. Cuanto menos impulsados nos sintamos a demostrar ante los demás lo que valemos, más fácil nos resultará tener paz en el alma.

Una trampa peligrosa. Vivir demostrando a los demás lo mucho que valemos puede resultar una trampa peligrosa y perjudicial porque se necesita gastar una gran cantidad de energía para estar señalando de modo constante que sí en verdad valemos y los éxitos que hemos podido conseguir, y fanfarronear y tratar de convencer a los otros del gran valor que tenemos como personajes humanos. El hecho de andar publicando los logros que hemos conseguido disminuye profundamente las sensaciones positivas y de paz en el alma.

Rechazo espontáneo. Y sucede, para empeorar las cosas, que cuanto más nos empeñemos en demostrar a los demás cuánto es lo que valemos, más evitarán ellos nuestro trato y peor hablarán a nuestras espaldas en contra de nuestra fanfarronería de estar publicando nuestros valores y triunfos, y puede ser que hasta se sientan resentidos contra nuestra persona, porque cuando nos ven tan elevados, ellos tienden a sentirse muy pequeños, y eso les fastidia.

Lo contrario. Y sucede, irónicamente, que cuanto menos buscamos aparecer ante los demás y deslumbrarlos, más aprobación vamos a recibir. Las gentes se sienten atraídas por las personas que no necesitan vivir haciéndose propaganda ellas mismas ni publicando a los cuatro vientos sus maravillosos valores y éxitos, o buscando acaparar la gloria y las alabanzas.

Empezar a practicar. La única manera de aprender un arte es practicar y practicar. Y así sucede con la humildad. Es necesario empezar desde hoy mismo a practicar el callar todo lo que pueda ir en favor de nuestro orgullo y vanidad. Esto nos traerá serenidad y paz. La próxima vez que tengamos oportunidad de hablar en favor de nuestro orgullo resistamos a la tentación de hacerlo, y cambiemos de tema. Con toda seguridad vamos a obtener reacciones más positivas y mejor atención de los que tratan con nosotros.

Una cenicienta moderna. Hace poco el Sumo Pontífice canonizó una muchacha que se puede llamar una verdadera Cenicienta moderna. Bertilda Boscardin, religiosa de las hermanas Doroteas. Ella repetía: «Yo busco agradar a Dios y obtener la salvación de las almas. **Lo demás no es nada».** Para ella como para Santa Teresita, **«el enemigo número uno era el exhibicionismo».** En su vida no hay nada de «famoso», de «renombre», nada que la haga «sobresaliente». Su existencia, como la de tantísimas almas santas antiguas y modernas, fue excepcional solamente para un cronista: Dios. Además, la santidad no es clamorosa. A la santidad no le gustan los primeros planos, las aureolas, las condecoraciones, los grados, los flashs, la publicidad. Bertilda exclamaba: «**Señor, concédeme morir antes que hacer una acción para ser vista**». Sus últimas palabras fueron: «**Excepto amar a Dios y al prójimo y salvar el alma, todo lo demás es nada, es nada**». La enterraron en un lugar común del cementerio de los pobres (también a Santa Teresita le hicieron un entierro sencillísimo, sin carrozas ni solemnidad). Y ahora Bertilda ha recibido el premio de todas las Cenicientas del mundo: «**Quien se humilla será enaltecido. Los últimos serán los primeros**». Ella repetía que quería ser santa, pero una santa que no recibiera honores, porque éstos le fastidiaban. Que su camino era el de las carretillas y de las carretas, el más común. Pero también nosotros si seguimos por ese sencillísimo camino de la humildad, nos vamos a encontrar al final con el más brillante y atrayente de los pereques, el de ser santos y santos muy honrados por Dios y hasta por la gente, en la eternidad feliz.

Dios rechaza a los orgullosos pero a los humildes les concede sus gracias y favores.

(S. Biblia, Sant. 4,6)

38 Cuando haya que sacar la basura, saquémosla nosotros

El tío quejitas. En nuestra juventud teníamos un compañero que era llamado por los demás «el tío quejitas», porque siempre se quejaba de que le tocaba hacer demasiado oficio, de que no le reconocían lo que hacía y de... mil pequeñeces más. Desafortunadamente el mundo está lleno hasta rebosar de tíos y tías quejitas... Viven tristes y entristecen la vida de los demás.

Mi experiencia personal. He notado que cuando estoy de mal genio, de ánimo decaído, me convenzo de que tengo demasiadas cosas qué hacer, que los demás no colaboran como es debido y que la gente no reconoce mis esfuerzos ni agradece mis trabajos. Y además me olvido fácilmente de las buenas acciones que hacen los otros. Pero cuando estoy de buen genio y con ánimo alegre me parece que apenas estoy haciendo lo que puedo hacer y además siento gusto y alegría en hacerlo, y hasta me doy cuenta de lo bueno que hacen las otras personas.

La autocompasión. Los especialistas en personalidad están de acuerdo en que nada contribuye tanto a llegar a la depresión como el autocompadecerse, el vivir haciendo cuentas de lo mucho que tenemos que hacer, gastar y fatigarnos. Difícilmente se llegará a ser una persona satisfecha y alegre si se vive contabilizando lo demasiado que nos toca trabajar y sacrificarnos. Esta amarga contabilidad lo único que consigue es llenar nuestra cabeza de preocupaciones inútiles. Eso sí es lo que se llama **«disgustarse por pequeñeces».** Más alegría tendríamos si en vez de vivir haciendo esas cuentas y sintiendo una dañosa autocompasión, pensáramos que únicamente hemos cumplido con nuestro deber, y que hemos logrado que otros tengan menos de qué preocuparse y en qué fatigarse.

A mí no me toca. Un famoso educador, San Juan Bosco, enseñaba que la frase **«a mí no me toca»** debería desterrarse del vocabulario de toda persona que sea verdaderamente generosa. Y aconsejaba que cuando nuestra pereza y egoísmo nos aconsejen repetirla, tratemos de cambiarla por esta otra: **«Voy, con mucho gusto».**

Casos prácticos. ¿Que hay que sacar hoy la basura? El egoísmo me va a traer la preocupación de que los demás se van a aprovechar de mí si la saco hoy y el error de que es importante que yo tenga razón. Pero tengo que convencerme de que en la mayoría de los casos no es importante el que yo tenga razón o no, sino que lo más conveniente es vivir en buenas relaciones de fraternidad y cordialidad. En verdad no es tan trágico que yo tenga que sacar la basura varias veces más que otras personas que viven en esa habitación. Muchísimo más importante será vivir en paz, con el alma alegre y sin resentimientos ni peleas inútiles.

Buena paga. Y además hay una ley divina que dice: **«Cada cuál recibirá premio según hayan sido sus buenas obras».** Esto lo dice siete veces la Sagrada *Biblia*, y si lo dice tantas veces debe ser porque es de tan grande importancia que no debe ser nunca olvidado. ¿Por qué disgustarnos porque estamos acumulando mayores premios para el día de las recompensas eternas? Además, **la ley de la vida es que cada persona recibirá en la medida en que sepa dar.** Si deseamos recibir mucho más, tenemos que tener mayor generosidad para dar y darnos en favor de los otros. Nunca nadie al final de su existencia terrenal podrá afirmar que alguna de sus buenas obras quedó sin recibir recompensa de Dios, en esta vida o en la eterna. A Dios nadie le trabaja gratis ni le trabaja barato. Dios paga y paga muy bien. Y a cada uno según haya sido su propio comportamiento. Más buenas obras hacemos y mayores premios recibiremos.

Ánimo, pues: trabajamos por un Patrón que sabe pagar muy bien, hasta lo mínimo que sepamos hacer por Él. Y paga aquí y paga en la vida eterna. Doble premio y bien grande.

> Sean serviciales con todos, no buscando
> cada uno su propia comodidad,
> sino el bien de los demás.
> (San Pablo I Cor. 10)

39

No continuar siendo perfeccionista

Pacientes difíciles. Los médicos especializados en enfermedades nerviosas se encuentran en serias dificultades cuando tienen que tratar de curar a alguien que sea perfeccionista, que tiene la tendencia a querer que todo sea perfecto. Estas personas son casi siempre las más neuróticas y las más difíciles de curar.

Doble mal. El perfeccionismo no sólo nos aleja de los demás y les amarga la vida a ellos sino que también hace que el perfeccionista se sienta sumamente mal y en perpetuo disgusto. Ésta es una tendencia a buscar siempre lo que está mal, en todo y en todos, y a fijarse en aquello que no nos gusta. Y así, en lugar de gozar la vida de cada día, apreciando lo bueno que hay a nuestro alrededor, nos amargamos continuamente la existencia pensando que la gente y las cosas no son tan buenas como deberían ser, y que nada es lo suficientemente perfecto para que logre tenernos satisfechos y contentos.

Lo que se va sabiendo con el tiempo. En nuestras relaciones con los demás sucede que al principio algunas personas nos agradan por su modo de ser, por su charla amable, por su aspecto, su personalidad, su sentido del humor y dedicación al trabajo. Y al principio aprobamos las diferencias que existen entre los otros y nuestro modo de ser y de pensar, porque nos parece que eso nos enriquece espiritualmente. Creemos que el tener opiniones, gustos y preferencias distintas es algo enriquecedor. Pero sucede que pasado algún tiempo empezamos a ver numerosos detalles que no nos gustan ni mucho ni poco.

Puede ser que con amor y con franqueza digamos a la otra persona: «¿Sabes? Tienes la maña de llegar tarde a todas partes y eso trastorna nuestros planes de trabajo... Estornudas sin emplear pañuelo para taparte la boca y nos contagias de tu gripa a todos los que vamos a tu lado... Cuando tienes que contradecir algo o a alguien lo haces con voz muy fuerte y parece que estuvieras de mal genio o regañando... Qué ruidajón que haces al sorber... Siempre dejas la puerta abierta al pasar y si la cierras lo haces con un tremendo golpe». Esto lo podemos y hasta lo debemos decir. Pero nos puede suceder que si vivimos comentando y pensando solamente en lo que no nos gusta de los demás, poco a poco se nos va amargando el genio y podemos llegar a ser unos eternos criticones. Los asesores matrimoniales advierten esto: «Cuando uno de los dos cónyuges insiste demasiado en recordar y criticar algún detalle que no le agrada del otro, ese detalle puede llegar a ser causa de graves desavenencias entre ellos».

Una exigencia dolorosa. En nuestro consultorio matrimonial nos encontramos a cada rato con parejas que sufren y viven tristes y la explicación que nos dan es la siguiente: **«Es que mi cónyuge pretende que yo sea persona perfecta».** Y puede suceder que los inofensivos y negativos comentarios personales que viven haciendo los perfeccionistas lleguen a convertirse en un verdadero tormento para los demás (y quizás para ellos mismos). Es verdad que el solo pretender que el otro ser sea perfecto es más un error que un grave mal, pero sí delata en la persona perfeccionista una tendencia peligrosa a criticar.

Detenerse a tiempo. Convenzámonos de que la pretensión o deseo de que los que tratamos sean perfectos, es algo totalmente inútil e inalcanzable en esta tierra. Y cuando descubramos que estamos volviendo a nuestra vieja costumbre de criticar detengámonos y pongamos un sello en nuestros labios. Cumplamos lo que le decía el Ángel de la Guarda a Santa Gemma: **«Acostúmbrate a no dar nunca un juicio negativo contra nadie».** Cuanto menor sea la frecuencia con que nos fijemos en las imperfecciones de los demás, tanto más tranquila y pacífica será nuestra propia vida.

¿Por qué mira la basurita que hay en los ojos de los demás y no mira la viga que hay en sus propios ojos? Saque primero la viga de sus ojos y después podrá sacar la basurita de los ojos de los otros.

(Mt. 7,3)

Pensar en alguien que nos ha hecho algún favor

Buena señal. Cuando a un educador de fama internacional le presentaron un jovencito muy pobre para que le concediera una beca en un internado, el gran pedagogo le preguntó por el párroco del pueblecito de donde el joven venía, y por el alcalde y otros personajes de su pueblo. El jovencito le habló con tal gratitud acerca de lo bueno que era su párroco y de lo generoso que era el alcalde, que el educador le concedió sin más la beca que solicitaba. Y al ser preguntado después por qué había concedido de una vez una beca a un muchacho que él no conocía, respondió con toda seguridad: «Es que descubrí que tiene un corazón muy agradecido, y quien tiene la virtud de la gratitud, demuestra con ello que su corazón es muy noble». Y no se equivocó al dar este juicio, porque aquel jovencito llegó a ser después uno de los estudiantes que mayor gloria le ha dado a esa institución educativa. Es que el recordar con gratitud los favores recibidos le consigue mucha nobleza al corazón.

Un pensamiento bueno echa fuera un pensamiento malo. Cuando empecé a recomendar a la gente que dedicara un momento cada día para pensar en alguien que le había hecho un favor o le había demostrado cariño o aprecio, y en practicar yo mismo ese consejo, me vine a dar cuenta que muy a menudo me veía inundado de pensamientos negativos contra personas cuyo modo de proceder me irritaba. Mi pensamiento se concentraba en los comportamientos negativos de la gente, y al poco tiempo mi mente y mi corazón estaban ya saturados de negatividad. Pero cuando fui adquiriendo la costumbre de pensar cada día en personas que me habían hecho favores y me habían tratado bien, mi atención se vio dirigida hacia las cosas positivas, y no sólo hacia esas personas amables, sino también hacia los aspectos agradables que tiene la vida, los cuales son mucho más numerosos de lo que a veces calculamos. No significa que ya no me irrite por nada, pero sí tengo que reconocer que a causa de este ejercicio he experimentado una gran mejoría en mi modo de pensar y de sentir.

Una lista maravillosa. Si insistimos en no dejar pasar día sin dedicar unos momentos a pensar con gratitud en alguna persona que nos ha hecho algún bien, iremos fabricando una maravillosa lista de personas benefactoras, y el amor irá creciendo en nuestro corazón. Y evitaremos **el gran peligro** que tienen algunos que se imaginan que aman a todos y en verdad **no aman a nadie en particular.** ¿Quién de nosotros no tiene desde el primer momento de su existencia una larguísima lista de gentes que le hicieron favores, le apreciaron, le amaron, le ayudaron, le defendieron, le instruyeron y le evitaron tantos males que le podían suceder? Los papás. Los maestros.

Practicar actos de amabilidad, pero hoy mismo

Siempre es preferible ser amable que tener razón

Los sacerdotes. Los familiares y amigos, etc., etc. Pero no digamos: «Les agradezco a todos en general». Eso es lo mismo que decir: «No le agradezco a ninguno en particular». Piense en esas personas, con nombre propio y recordando cuál fue el favor que le hicieron. No hace falta que la lista de cada día sea muy larga. Pero que sea concreta. Así como no es lo mismo decirle a Dios: «Gracias por todo», que decirle: «Gracias por esto y esto», tampoco es lo mismo sentir un agradecimiento general a todos, que pensar: «Agradezco a N, X y Z en particular».

Think and thank. En la puerta de una catedral inglesa había un letrero muy grande con estas tres palabras: «Recuerde y agradezca». Qué buen lema es éste... Carnegie contaba que su vida cambió por completo desde el día en que adquirió la costumbre de recordar las personas que le habían hecho bien y los favores que había recibido y sentir agradecimiento hacia cada una de ellas en particular. A muchos les ha sido de inmenso provecho dedicar unos momentos cada día a rezar por sus benefactores espirituales y materiales. Cerremos ahora este libro por unos momentos y digamos: «Padre Nuestro que estás en los cielos, por todas las personas que me han hecho favores y me han demostrado aprecio y cariño, gracias, gracias, gracias».

Seamos agradecidos.
La gratitud es señal
de un corazón noble y generoso.
(San Juan Bosco)

41

41 Aprender antropología, o sea el arte de comprender al ser humano

Dicen que una de las razones por las que Dios es el ser más comprensivo que existe, es porque es el que más y mejor conoce a la creatura humana, y por lo tanto le comprende perfectamente. También en esto se debería decir de nosotros que somos hechos a imagen y semejanza de Dios, que si nos esforzamos por conocer cada vez más y mejor a los seres humanos, así logramos comprenderlos mejor.

Consecuencias. Una buena consecuencia para quien aprende bien la antropología puede ser el que sentirá más interés por los demás y no se dedicará sin más ni más a emitir juicios negativos contra otras personas ni a despreciar su modo de vivir y comportarse. En cambio se esfuerza por aumentar su comprensión hacia los otros y ser más paciente con ellos.

Sustitución. El ser comprensivos sustituye la actitud criticona por una afectuosa bondad, y la frialdad por un interés constante hacia los demás. Y en vez de sentirse frustrado por el modo como actúan los que tratan con nosotros nos dedicaremos a tratar de analizar las causas por las cuales obran así.

En la práctica. Cuando veamos que alguien obra de una manera bastante rara, en vez de dedicarnos a exclamar con aire de desprecio: «Es el colmo que una persona normal obre de esta manera», cambiemos nuestro juicio y pensemos: «Interesante el modo como éste ve el mundo y su manera de vivir». Pero decir esto sin aire de desprecio, sino tratando de colocarse en el ángulo desde el cual esa persona ve la vida de cada día.

Otro modo de ser. Un día iba con un grupo de alumnos y nos encontramos con unos «hippies» mal vestidos, barbudos, desaseados, con tatuajes y aretes y cabello más parecido al de una mujer que al de un varón, e inmediatamente uno de mis acompañantes me preguntó: «Profe, ¿por qué se presentan de una manera tan rara y extravagante? Parecen disfrazados». Hace unos años yo habría sentido desprecio por ellos y habría dicho que eran unos «desechables», unos tipos raros, y habría pensado que el único modo correcto de pensar y de comportarse es el que sigo yo, con mis teorías tradicionalistas. Y habría soltado una perorata contra ellos, haciendo que mis alumnos se volvieran herederos de mis puntos de vista negativos y despreciativos. Pero mis estudios de antropología o ciencia de comprender a los seres humanos me han venido enseñando a no juzgar y a no condenar, y he cambiado muchísimo mi personalidad y me he suavizado, y así respondí al joven que me preguntaba: «En verdad que existen modos y gustos bien diversos y variados de vivir la vida». Mi alumno exclamó: «A mí sí me gusta más llevar el cabello y los vestidos como los estoy llevando». Y los dos, en lugar de gastar energías en dedicarnos a condenar y despreciar a los que piensan distinto de nosotros, los dejamos en paz y seguimos disfrutando de nuestro agradable paseo. Esto no significa que estemos totalmente de acuerdo con los modos estrambóticos de comportarse, pero eso no es algo de lo cual me corresponda juzgar a mí.

Y al subir de regreso a un autobús vi allí una calcomanía que decía: «**Señor, ¿qué haré para no meterme en lo que no me importa?**», e interiormente repetí varias veces esa bella oración.

¿Por qué juzgar a los demás?
¿Por qué despreciar al otro?
Si todos tendremos que presentarnos ante el tribunal de Dios para darle cuenta de lo que hemos hecho.

(S. Biblia Romanos 14)

42

Cada día digamos a alguna persona algo que apreciamos en ella o que nos agrada en su comportamiento

¿Con cuánta frecuencia? Una buena pregunta para hacerse uno es: «¿Con cuánta frecuencia me acuerdo y me tomo el tiempo para decirle a otras personas lo que me agrada en ellas y el aprecio que les tengo? Seguramente no lo hacemos bastante a menudo.

Triste respuesta. Cuando pregunto a la gente con cuánta frecuencia reciben afectuosos elogios de otros, oigo respuestas como éstas: «No recuerdo la última vez que me hicieron un elogio», «Casi nunca», o lo que es más triste: «Nunca».

Falsas excusas. Para no elogiar a los demás nos ponemos variadas excusas (olvidando que la excusa es una hermana gemela de la mentira). Por ejemplo: «No necesitan oírme que les aprecio... Ya lo saben». «Yo admiro a esa persona pero no me atrevo a decírselo». «Quizás hasta se disguste si le digo que le aprecio». Pero si preguntamos a quien debería recibir esos elogios si le agrada que le den felicitaciones sinceras y si se siente mejor cuando las recibe, de cada diez personas interrogadas, nueve responden: «Me encanta». «Me hace bien». Por eso aunque no hallemos cómo decírselo o creamos que ya saben cuáles son sus puntos fuertes, o aunque nunca hayamos tenido la costumbre de elogiar a los demás, ha llegado la hora de cambiar. Empecemos a elogiar a alguien cada día.

Un deseo general. La mayoría de las personas pasan toda la vida deseando que otros les manifiesten su reconocimiento. Especialmente los papás, los esposos, los hijos, los amigos. Decirle a alguien lo que en su persona nos gusta o nos admira es un exquisito acto de «amabilidad». Incluso los elogios de los desconocidos sientan bien si son sinceros. Y la persona que hace el cumplido también sale ganando, porque al demostrar el respeto y admiración que siente por los otros, su bondad va creciendo y en su interior sentirá mayor bienestar. Esta demostración de aprecio y respeto significa que nuestros pensamientos están dirigidos hacia lo positivo, y eso mejora nuestra personalidad.

Pequeños detalles. En un viaje intermunicipal, en el bus en el que viajaba pusieron durante todo el viaje una música suave y hermosa, y el conductor manejaba con un cuidado muy especial. Al llegar a la ciudad a donde iba, me quedé de último y al descender del bus le dije al conductor: «Lo felicito, maneja usted sumamente bien, y tiene muy buen gusto para ponerle música a su bus». Me volvió a mirar y dijo: «Gracias, en tantos viajes que he hecho es la primera vez que me dicen esto». Sólo me ocupó un par de segundos el decírselo, y sin embargo esto produjo una sensación de gozo para él y para mí. El elogio anima, entusiasma, recompensa de tantas ingratitudes recibidas, y sirve para estrechar lazos de amistad.

Cuando Jesús curó a diez leprosos y solamente uno volvió a dar las gracias, exclamó impresionado: ¿No han sido curados todos los diez? ¿Y los otros nueve, dónde están?.

(Lc. 17)

¿Tendrá el Señor que seguir repitiendo: "De cada diez que reciben favores, solamente uno demuestra el agradecimiento. ¿Y los otros nueve, dónde están?

43

43 Quítele el NO al NO puedo

Jamás podré olvidar a mi profesor de quinto de primaria, don Luis Francisco, gran educador, el cual de vez en cuando escribía con letras bien grandes en el tablero esta frase: «No puedo» y nos preguntaba: «¿Qué hay que quitarle a esta frase?». Y todos debíamos responder con voz fuerte: «Hay que quitarle el no». Este slogan de nuestro buen profesor me ha sido de extrema utilidad durante toda mi vida. Y he notado que lo que ha detenido a muchísimas personas en su camino hacia el éxito ha sido alguna frase engañosa como éstas: «No puedo hacerlo». «No puedo dejar de fumar». «No puedo dejar de beber». «No puedo dejar de renegar»... Este freno les ha dejado varados a mitad de camino, cuando ya deberían estar viajando muy alto en la vida de sus triunfos personales.

Una trampa. Cuando nuestra mente se convence de que algo va a ser imposible, estamos colocando automáticamente unos dañosísimos frenos a nuestra capacidad de triunfar. «No puedo hacer eso», «no puedo evitarlo». «Siempre he sido así», «nunca podré tener una verdadera relación de amistad», son frases negativas, derrotistas y totalmente mentirosas.

Algo paralizante. Alguien intentó una vez hacer una redacción y le resultó muy deficiente; ahora vive repitiendo: «Yo nunca lograré redactar bien», y se queda sin escribir, por una falsa alarma dada por su pesimismo engañoso. Otro intervino una vez en un partido deportivo y no hizo muy buena figura y ahora se imagina que nunca podrá llegar a ser un buen deportista y se queda ahí en la banca observando únicamente a los que juegan. Eso paraliza sus capacidades y les engaña. «Una golondrina no hace verano», dicen los campesinos. Solamente cuando lo hayamos intentado cien veces y no lo hayamos logrado, entonces ya podremos empezar a pensar que quizás va a ser difícil conseguir aquello. Pero imposible todavía no.

La novia fracasada. Llegó una mujer soltera a consultarme. «Yo nunca tendré una buena relación de pareja. Siempre la estropeo». Averigüé cuáles eran sus pensamientos y me dijo que apenas empezaba un noviazgo inmediatamente comenzaba a buscar razones para que su novio la abandonara. Si llegaba tarde a una cita decía: «Yo siempre llego tarde». Si tenían algún disgusto le decía: «Yo siempre me meto en discusiones». Y así poco a poco iba convenciendo al hombre de que no era digna de su amor. Y después seguía repitiendo: «¿Ven? Siempre pasa lo mismo. Nunca tendré una buena relación».

Remedio. Fue necesario que se convenciera de que esa idea negativa suya era un engaño. Que el buscar argumentos para volver peores sus propias limitaciones era un grave daño para su personalidad. Aprendió a decirse cuando le llegaban estas ideas negativas: «Esto es ridículo. Yo no hago esto siempre. ¿Por qué me creo menos de lo que soy?». Y fue reemplazando la costumbre negativa de tratar de exagerar sus aspectos menos favorables, por la costumbre positiva de recordar sus aspectos valiosos, que eran muchos. Hoy día tiene un hermoso hogar que marcha armoniosamente y cuando le vienen de nuevo sus recuerdos negativos se ríe de sí misma pensando en lo tontamente paralizada que la tuvieron por algún tiempo.

Yo he descubierto que cuando valoro mis aspectos positivos y trato de no exagerar mis aspectos negativos, me siento más feliz y rindo mejor en mis actividades. Y me imagino que a mis lectores les sucede algo muy parecido.

Es que Dios no nos creó para el fracaso sino para el triunfo, y goza inmensamente no en que nos vaya mal, sino en que nos vaya muy bien y triunfemos.

Quienes son optimistas viven más años y los viven más felices.

44

En todas las cosas veamos la presencia de Dios

Dice el salmo 8: «¡Oh Dios, qué admirable es tu presencia en toda la Tierra! Cuando contemplo el cielo, obra de tus manos, la Luna y las estrellas que has creado, me digo: «¿Qué es el ser humano para que te acuerdes de él?».

Los santos afirman que en todo lo que Dios ha creado podemos encontrar la presencia de Él. Nuestra tarea es hallar su presencia en cada una de las situaciones y personas. Resulta fácil ver la presencia de Dios en una hermosa puesta de sol con los arreboles del atardecer, en una imponente montaña, en la sonrisa de un niño, en las ola bravías que llegan hasta la playa. Pero debemos ver también su santa presencia en muchas ocasiones menos bellas y maravillosas.

Consecuencias. Cuando nos vamos acostumbrando a ver a Dios presente en las personas y en las circunstancias que nos rodean, nuestra existencia se va llenando de paz. Empezamos a ver en la vida de cada día aspectos que antes nunca habíamos descubierto. En la persona que viene a pedirnos un favor podemos ver al Hijo de

Dios que nos dijo: «**Todo favor que hacen aunque sea al más humilde, yo lo recibo como hecho a Mí mismo**» (Mat. 25,40).

En esa circunstancia dolorosa e incómoda que nos sucede, en esa deuda que no se halla cómo pagar, en la humillación que nos vino repentina e inesperadamente, en la noticia trágica que nos conmueve, podemos recordar las palabras de San Pablo: «**Todo sucede para bien de los que aman a Dios**» (Rom. 8), y nos daremos cuenta que ni siquiera se cae un cabello de nuestra cabeza sin que Dios así lo haya determinado. Y que si estas cosas han sucedido, seguramente Nuestro Señor las permitió para obtener algún bien en favor nuestro.

La marca de Dios. Dicen los teólogos que todo lo que existe lleva la marca de Dios. El hecho de que a primera vista no logremos ver las huellas del Creador en lo que nos rodea, no significa que ellas no existan allí sino que no hemos logrado profundizar para encontrarlas. Quizás nos falta más atención o un poco más de fe.

San Pablo de la Cruz decía a las hermosas flores: «Su belleza me recuerda la sublime hermosura del que las ha creado». San Francisco de Asís al ver un corderito inocente y manso lo abrazaba y exclamaba: «Tú me recuerdas al Cordero de Dios, manso e inocente, que fue llevado a la muerte sin que opusiera ninguna resistencia». San Alfonso al contemplar las altísimas llamaradas de un inmenso horno suspiraba y decía: «Señor, estas llamas me recuerdan las sanciones que tu Divina Justicia tiene reservadas para los que no quieren cumplir tus santos mandamientos». San Vicente de Paul al observar el modo maravillosamente amable con el que San Francisco de Sales trataba a la gente exclamaba: «Oh, Dios, si Francisco de Sales es tan amable, ¿cómo lo serás Tú?». Juan Pablo II en pleno sermón ante un millón de personas en Bogotá, al caer una copiosa lluvia dijo entusiasmado: «Así caen sobre nosotros las ayudas y gracias de Dios». Jesucristo al ver las avecitas y las flores de campo decía: «Miren las aves que no tienen graneros y las flores que no hilan, y a todas ellas las cuida el Padre Dios. ¿Cuánto más los cuidará a Uds., que valen muchísimo más que ellas?». ¿Cuántas veces pienso en la presencia de Dios al contemplar la naturaleza y al tratar a las personas?, ¿muchas o muy pocas? Quiera Dios que sean más y más las veces que cada día me acuerde de su Divina presencia y lo adore y lo ame cada vez con mayor amor.

Los ojos de Dios están en todas partes observando a los buenos y a los malos

(S. Biblia, Prov. 15,3)

El libro que me entusiasmará por Dios, se llama

LA SAGRADA BIBLIA

45

Resistamos al deseo de criticar

El libro de Ben Sirac en la S. *Biblia* dice que la lengua criticona y murmuradora es antipática para Dios y para la gente. Que lo es para la gente ya lo sabemos todos, pero conviene recordar que también es antipática para el mismo Dios, y esto es muy grave.

Arma peligrosa. Dice el libro de los *Proverbios* que la lengua criticadora es como **«puñal de triple filo».** Con un filo mata la fama del que es criticado. Con el otro mata en el oído del que escucha a la estimación que tenía hacia quien está siendo víctima de la crítica, y con el tercero mata el amor de caridad en el corazón de quien critica, porque la crítica es como un baldado de agua fría que apaga el cariño que se siente hacia los demás.

¿Y qué gano con esto? Cuando el famoso padre Margallo, estimadísimo confesor de Bogotá, con quien se confesaban desde el presidente de la República hasta los vendedores de periódicos, oía que alguien le contaba que hablaba mal de los demás, le preguntaba con voz impresionante: **«¿Y Ud. qué gana con eso?».** La respuesta puede ser la misma que nos damos cuando después de una reunión social donde se ha «despellejado» de todo el mundo y se ha criticado sin compasión a cuantos más se ha podido, al volver a nuestra casa nos preguntamos con paz y sosiego, cuánto contribuyen esas críticas a hacer de este mundo un lugar más agradable, y siempre tenemos que llegar a la misma conclusión: cero. No sirven para nada. No contribuyen en nada. No ganamos nada con criticar. Aquí sí que se cumple lo que dijo Salomón: **«Todo trabajo produce frutos, pero la charlatanería empobrece».**

Malas consecuencias. A nadie le gusta que le critiquen. Nuestra reacción ante la crítica es ponernos a la defensiva y atacar, o alejarnos y dejar de actuar o de intervenir. La persona atacada o se defenderá con furia o dejará de obrar y se apartará para evitar que sigan criticando. ¿Cuántas veces hemos dado las gracias a quien se dedica a criticarnos? Agradecemos a quien nos corrige con caridad, en privado y con delicadeza. Pero para quien se dedica a criticarnos, lo que sentimos no es gratitud sino enojo, rencor y antipatía. Y lo grave es que «nada hay oculto que no llegue a saberse». Lo que decimos en el más absoluto silencio se sabrá como si lo hubiéramos dicho (por altoparlantes) en la mitad de la plaza (Mt. 10,26). Y si tarde o temprano se va a saber todo lo que dijimos, ¿por qué no decir únicamente aquello que cuando se sepa y se haga público nos atraiga simpatías y no antipatías?

Mala costumbre. Decía Og Mandino que nada en el mundo hay que nos pueda hacer tanto daño como una mala costumbre. Y la criticadera es una mala costumbre, como lo es también la maña de vivir diciendo groserías y palabras de grueso calibre.

Medir los alcances. Un remedio muy eficaz para ir abandonando la dañosísima mala costumbre de criticar a los demás, consiste en evaluar las consecuencias que nos vienen después de haber criticado. La **primera** es que se nos enfría el cariño que sentíamos hacia la persona criticada. La **segunda**, que apenas ella lo sepa (y lo más probable es que lo sabrá, pues nada hay oculto que no llegue a saberse, según lo dice el Evangelio), su amor hacia nosotros se va a disminuir notablemente y quién sabe si logre algún día olvidar lo que dijimos en su contra. La **tercera** consecuencia mala de la crítica es que una vez quitada la buena fama a alguien, ya será casi imposible (o sin casi) lograr que la vuelva a tener.

La penitencia de San Felipe. Una mujer se confesaba con San Felipe Neri, diciendo que tenía la mala costumbre de quitar la buena fama a los demás criticándolos. El santo le puso por penitencia ir a una loma donde soplaba muy fuertemente el viento y quitarle las plumas a una gallina y echarlas al viento. Después la mandó que recogiera todas las plumas y se las volviera a poner a la gallina. Por más que se esforzó no logró recuperar ni la mitad de las plumas. El santo le dijo entonces: «Así sucede con la buena fama de una persona. Una vez quitada es casi imposible devolvérsela otra vez».

De toda palabra indebida que diga una persona, tendrá que dar cuenta a Dios el día del Juicio.

(Jesucristo, Mt. 12,36)

46

Escribamos nuestras cinco posturas más inflexibles y miremos si podemos suavizarlas

La primera vez que tratemos de poner en práctica esta estrategia puede ser que seamos todavía tan tercos que insistamos en que no somos inflexibles. Con el tiempo, a medida que avancemos en nuestro propósito de convertirnos en personas más moderadas, iremos descubriendo que nos resulta más fácil ver en qué somos inflexibles.

Casos concretos. Veamos algunos ejemplos en los que aparece la inflexibilidad de quien habla. Dice: «Si una persona no es nerviosa y estresada, es que es perezosa». «Mi manera de hacer las cosas es la única válida». «La gente no sabe escuchar lo que uno dice». «Las mujeres gastan demasiado dinero». «Los niños ponen demasiados problemas». «El gobierno no hace nada por solucionar los problemas». «Todo lo que dicen los del otro bando son mentiras». «A los empresarios lo único que les interesa es ganar dinero», etc... Cada cuál puede completar esta lista con todas las «definiciones dogmáticas» que pronuncia cuando habla. Pero lo grave no es sentirlas y decirlas, sino querer seguir defendiéndolas y afirmándolas como si fueran verdades de fe.

¿Y no será debilidad? Suavizar nuestras afirmaciones no significa que nos volvamos débiles. Por el contrario, eso nos vuelve más fuertes. Así por ejemplo, un hombre que vivía afirmando que su esposa gastaba demasiado dinero, al consultarnos su caso recibió el consejo de comparar los gastos que hace su mujer con los que hace él mismo, y vino a darse cuenta de que él es más gastador que su esposa. Y ahora ha dejado de estar lanzando juicios negativos contra ella, porque «quien tiene techo de vidrio no debe lanzar pedradas al vecino». San Pablo decía: «**¿Por qué condenas a los otros, si tú haces eso mismo que condenas?** (Rom. 2,1).

Se evitan peleas. Cuando en las discusiones se afirma lo que uno piensa y opina, diciendo: «A mí me parece, pero puede haber opiniones mejores», etc., seguramente que los adversarios no se sentirán heridos en su orgullo y tratarán también de afirmar sus opiniones con más moderación. Pero si se muestra uno totalmente intransigente como si lo que se afirma fuera una verdad de fe, puede suceder que los otros procedan con la misma terquedad y brusquedad y entonces se arma la barahúnda. San Bernardo decía que en las discusiones debemos tener la sencillez de la paloma y la prudencia de la serpiente para no ir a decir con ligereza lo que no se puede oír sin pesadumbre.

Dominar la impulsividad. Se llama impulsividad la propensión a dar juicios precipitadamente sin reflexionar lo suficiente acerca de la verdad y del alcance de lo que se dice. Dedicarse continuamente a pronunciar afirmaciones acerca de cuanto sucede. Esta impulsividad verbal, además de las torpezas que hace decir y de los resentimientos que suscita, quita mucha autoridad a quien habla, y es un desperdicio de energía nerviosa por el desgaste que se produce cada vez que satisfacemos un impulso y puede ser señal de una seria deficiencia de la capacidad de controlar la propia lengua y de pensar bien y sosegadamente antes de pronunciar cualquier juicio negativo. Hay que hacer ejercicios de voluntad para quitar esta debilidad de la personalidad. Más vale callar cada día una afirmación inflexible que se quería hacer, que tener que seguir obteniendo antipatías a causa de nuestro modo áspero y poco comprensivo y amable en el pensar y en el obrar.

¿Cuáles son mis posturas inflexibles más frecuentes? ¿Vale la pena seguir defendiéndolas y afirmándolas sin más ni más?

Dichosos los mansos de corazón porque ellos poseeran la tierra.

(S. Mateo 5)

Recomendamos leer la historia de este Santo que supo hacerse simpático a todos y no ser antipático para nadie.

Mostrémonos de acuerdo con las críticas que nos hacen y ellas irán desapareciendo

A menudo nos quedamos paralizados ante la más leve crítica. Nos comportamos como si fuera una cosa gravísima y nos defendemos como si estuviéramos en una batalla. Sinembargo la verdad es que la crítica no constituye más que una observación de otra persona acerca de nosotros, de nuestras acciones o de la forma en que pensamos con respecto de algún tema. Es simplemente una opinión que no está de acuerdo con la nuestra, pero no es algo tan grave que merezca convertirlo en un problema.

Dañosa reacción. Cuando reaccionamos ante la crítica con una respuesta violenta, poniéndonos a la defensiva, nos hacemos daño. Dicen los entendidos que cada acto de cólera disminuye siete minutos nuestra vida, por el desgaste que produce en el sistema nervioso. Si nos creemos atacados sentimos la necesidad de defendernos o de responder con otra crítica. Llenamos nuestra mente con pensamientos coléricos e hirientes dirigidos hacia la persona que nos critica, y de pensamientos de autocompasión dirigidos hacia nosotros mismos. Todo esto produce un gran desgaste de energía mental.

Buen remedio. Existe un ejercicio increíblemente útil para estos casos. Consiste en tratar de mostrarse de acuerdo con las críticas dirigidas contra uno mismo. Esto no significa que nos despreciemos a nosotros mismos y que nos imaginemos que todo lo que dicen en contra nuestra es absolutamente cierto. No. Lo que sugerimos es que existen muchas ocasiones en las que el simple hecho de reconocer que las críticas son acertadas desarma la situación, satisface la necesidad que tiene la otra persona de manifestar su punto de vista, nos ofrece una oportunidad de aprender algo más acerca de nosotros mismos, nos ayuda a ver lo que puede haber de verdad en la opinión del otro, y lo que es más importante, nos ofrece una oportunidad de conservar la calma.

En la vida práctica. Una vez alguien que trata mucho conmigo me dijo: «Me parece que usted a veces habla demasiado». Recuerdo que momentáneamente me sentí herido, antes de decir que el otro tenía razón. Pero le respondí: «Tiene razón. A veces se me va la lengua y hablo demasiado». Entonces descubrí algo que cambió mi comportamiento. El hecho de darle la razón me permitió ver que había algo de verdad en lo que me había dicho. Sí, y es que yo a menudo hablo demasiado. Y esta reacción mía contribuyó a que mi amigo se relajara. Pocos minutos después me dijo: «¿Sabe? Es muy fácil hablar con usted». Estoy seguro que esto no me lo hubiera dicho si yo me hubiera enojado al escucharle la observación anterior que él me había hecho.

Consecuencias. De hecho he aprendido que reaccionar negativamente ante las críticas jamás hace que ellas desaparezcan. Más bien lo que sucede entonces será que la otra persona se convencerá más y más de que lo que dijo en su crítica sí era cierto. Pongamos a prueba esta estrategia y comprobaremos que mostrarse de acuerdo con una crítica que nos hacen nos trae mayores ganancias que el sacrificio que esto cuesta.

El caso de San Francisco. Se cuenta de este gran santo que un campesino por ponerlo a prueba le dijo: «Usted es un hipócrita, un farsante, un engañador, un miserable pecador». Y el santo se arrodilló ante el que lo insultaba y le dijo: «Hermano, Ud. tiene razón. Y eso que aún no sabe ni siquiera la mitad de lo malo que yo soy». El otro reaccionó pidiéndole perdón por sus palabras ofensivas y en adelante decía a los demás: «Ahora sí estoy seguro de que Francisco es un santo, pues cuando lo critican no se defiende sino que acepta humildemente lo que dicen en su contra. Para esto se necesita tener una grande humildad».

¿Qué me dirá este ejemplo? ¿Qué enseñanzas podré sacar de él?

> **Quien no peca con su lengua es persona perfecta.**
> (Apóstol Santiago)

Como buen árbol florido
debes ser en los rigores;
si duro golpe recibe,
suelta una lluvia de flores.

48

Busquemos lo que puede haber de acertado en las opiniones de los demás

Esta idea va dirigida especialmente a quienes disfrutan aprendiendo y haciendo felices a otras personas.

La razón de esto. Tenemos que partir de la idea de que todo el mundo piensa que sus propias opiniones son buenas. De otro modo no se atreverían a compartirlas con los demás. No obstante, **uno de los hábitos más destructivos** que muchos de nosotros tenemos es comparar las opiniones de los demás con las nuestras, y declarar que aquellas son inferiores a éstas (o como decía con sorna un político: «Este mundo se divide en buenos y malos, en veraces y equivocados. Los buenos y veraces son los que piensan como nosotros. Los malos y equivocados son los que piensan contrariamente a lo que nosotros opinamos»). La maña nuestra es descartar y buscarles fallos a las opiniones que no estén de acuerdo con las propias. Y como resultado nos sentimos más orgullosos, creídos, más amarrados a nuestras propias ideas, y los otros se sienten rebajados. **Y nadie aprende nada con esto.**

Un buen método. Hay que partir de este principio: que casi todas las opiniones tienen algún mérito, y si en vez de dedicarnos solamente a buscar los errores en lo que opinan los demás, tratamos de hallar también qué parte de verdad hay en lo que afirman, algo bueno vamos a encontrar. Por eso la próxima vez que alguien emita alguna opinión, en lugar de juzgarlo y criticarlo, miremos si podemos hallar un poco de verdad en eso que nos está diciendo.

Los resultados. Cuando juzgamos y condenamos a alguien o a sus opiniones, en realidad no estamos dándole importancia a la otra persona, sino haciendo de jueces de su conducta y de sus opiniones. Y nos puede suceder lo que el apóstol Santiago anunció: **«Habrá un juicio sin misericordia, para quien procede sin misericordia para con los demás»** (Sant. 2,13).

Yo todavía me sorprendo de vez en cuando juzgando y condenando las opiniones de los otros. Pero gracias a Dios ahora condeno mucho menos que hace unos años. Trato de cumplir lo que aconsejaba el Papa Juan XXIII: «En lo esencial atenerse a lo que dicen la Sagrada *Biblia* y la Santa Iglesia. En lo secundario, **buscar lo que nos une y no lo que nos divide».** Ahora soy más feliz porque trato de buscar qué hay de verdad en las opiniones que dan los demás. Si practicamos esta sencilla estrategia empezaremos a entender mucho mejor a las personas con las cuales tratamos. Los demás se verán atraídos por el respeto que demostramos a su modo de pensar; aprenderemos mucho más; ahorraremos un montón de energías que íbamos a gastar condenando y discutiendo, y quizás, lo más importante, gozaremos de una mayor paz en el interior de nuestra alma. Lo cual no es poco decir.

Y no olvidemos lo que dice el libro de los *Proverbios:* **«Quien acepta que le corrijan puede llegar a obtener sabiduría. Pero quien no acepta la corrección, se embrutece».**

La corrección disgusta en el momento en que se recibe, pero después se agradece a quien nos corrigió.

(S. Biblia, Proverbios)

49

Aceptemos la realidad. Vayamos a donde vayamos, siempre nos llevaremos a nosotros mismos

El hermoso y transformador libro *Imitación de Cristo,* advierte: «No te hagas ilusiones pensando que al cambiar de sitio y lugar va a cambiar todo en tu vida. Pues siempre a donde quiera que vayas te llevarás a ti mismo, con tus miserias, debilidades y limitaciones». Este aviso sirve para que dejemos de desear constantemente poder estar en otra parte.

Vana ilusión. Muchas veces pensamos que si estuviéramos en otro lugar, por ejemplo en vacaciones, o con otra clase de personas, o con un trabajo diferente al que tenemos o en una casa distinta a la que habitamos, o en unas circunstancias distintas, seríamos más felices y nos sentiríamos más conformes. Y probablemente no va a ser así.

Genio y figura. Los campesinos repiten un antiguo adagio: «Genio y figura hasta la sepultura». Pues la verdad es que si tenemos hábitos mentales destructivos (si nos molestamos por cualquier cosa y nos irritamos con facilidad; si vivimos una buena parte del tiempo enfadados o disgustados, o si estamos continuamente deseando que las cosas sean diferentes, etc.), estas mismas tendencias nos seguirán a dondequiera que vayamos. Claro está que si somos personas alegres, positivas, que raras veces se irritan y no se molestan por pequeñeces, podemos ir a donde sea y hablar con cualquier clase de gente, pues no encontraremos tantas cosas muy negativas en el camino. A donde vayamos seguiremos siendo los mismos, o negativos o positivos. Por eso lo importante no es tanto cambiar de sitio o de ocupación, sino sobre todo ir cambiando nuestros modos negativistas por unas actitudes positivas y optimistas.

Una respuesta muy especial. Se ha hecho célebre la respuesta de un sabio a un viajero que le preguntaba: «¿Cómo es la gente del sitio a donde voy a ir?». El veterano humanista le preguntó a su vez: «¿Cómo es la gente de la región donde vive usted?». El otro le respondió: «Es egoísta, codiciosa y fastidiosa». La respuesta del sabio fue la siguiente: «Así, de esa misma manera es la gente de la región a donde usted va a ir». Y le explicaba a un amigo: «Si me hubiera dicho: -la gente de mi región es agradable, tratable, generosa y buena-, yo le habría dado la misma respuesta: -así, de esa misma manera es la gente de la región a donde usted va a ir-. Porque el modo que los demás tendrán al tratarnos a nosotros dependerá en gran manera del modo que nosotros tengamos de tratarlos y juzgarlos a ellos. Y según el lente con que miremos a las personas (positivo y rosado o negativo y negro), así nos parecerán ellas».

La vida se maneja desde adentro. La vida es como un automóvil: se maneja desde adentro. Si comprendemos bien esto, vamos a obtener cambios maravillosos en nuestro modo de ser. Y no nos dedicaremos a tratar de que cambien los que están en el camino sino de mejorar el modo que tenemos de controlar nuestro modo de ser y de manejarnos, para que la vida sea más amena, más feliz y más simpática, sea cual fuere el sitio a donde tengamos que ir y la clase de personas que tengamos que tratar. Lo importante es mejorar constantemente nuestro modo de ser y de tratar. De esto sí dependerá en grado máximo la felicidad que vamos a obtener. La vida y la gente nos devolverán un trato muy parecido al que nosotros les ofrezcamos y les brindemos cada día.

Con el primero que tengo que tener paciencia es conmigo mismo.

50

Respiremos profundo antes de hablar

Vamos a hablar de un método que le ha producido excelentes resultados a muchísimas personas que lo han practicado. Produce efectos casi inmediatos, los cuales se manifiestan en aumento de paciencia, menos desgaste nervioso y, como añadidura, más gratitud y aprecio de los demás.

En qué consiste. Es una práctica sumamente sencilla. No exige sino simplemente hacer una pausa -y respirar- cuando la persona con quien se está hablando ha concluido. **Al principio el espacio en blanco entre las dos voces puede parecer una eternidad,** aunque en realidad sólo sea medio segundo del tiempo real. Pero poco a poco nos iremos acostumbrando a gozar del poder y de la belleza de saber respirar profundamente y llegaremos a apreciar grandemente este procedimiento.

Ventajas. Este método es algo que nos acercará más y mejor a las personas con las cuales tratamos y hará que nos aprecien mucho más. Descubriremos que **ser escuchado es uno de los más raros y codiciados regalos que podemos ofrecer.** Lo único que requiere es un poquito de fuerza de voluntad... y practicar continuamente.

Una maña muy común. Si nos detenemos a observar las conversaciones que se producen a nuestro alrede-

Dejar que sean otros los que se lleven la gloria y la alabanza

Permitamos que los demás tengan razón

dor, advertiremos que con frecuencia lo que muchos de nosotros hacemos es simplemente esperar nuestra oportunidad para hablar. No estamos escuchando de verdad a la otra persona sino simplemente esperando una oportunidad para expresar nuestro punto de vista. Con frecuencia acabamos las frases de los demás y decimos cosas como éstas: «Sí, sí, sí, ya lo sé», instándoles a que se den prisa para que nos llegue el turno a nosotros. Da la impresión de que hablar con otro es una competición para ver cuál le quita más veces la palabra al que está hablando. Aquello más parece un lanzamiento de una pelota de tenis en una mesa, que un disfrutar de oír la conversación de los demás.

Consecuencias. Esta modalidad precipitada de comunicarnos con los otros nos lleva a criticar puntos de vista de los demás, a reaccionar de manera exagerada; a malinterpretar, a atribuir motivaciones falsas y formarnos opiniones equivocadas, todo ello antes de que nuestro interlocutor acabe siquiera de hablar. Y de ahí tiene que venir necesariamente el que a menudo la conversación produzca más cansancio, hastío y aburrimiento que descanso, alegría y paz. Con tan poquita capacidad que tenemos de escuchar resulta un verdadero milagro que todavía tengamos algunos amigos que quieran participar de nuestra conversación.

Experiencia propia. He pasado la mayor parte de mi vida esperando turno para hablar. Si alguien se parece a mí, se hallará agradablemente sorprendido ante las reacciones y la expresión de sorpresa que encontrará cuando deje que los demás acaben de expresar sus pensamientos antes de que uno empiece a expresar los propios. Es posible que en algún caso le esté dando a una persona **la oportunidad de sentirse totalmente escuchada por primera vez en la vida.** Y veremos que la gente con quien tratamos se sentirá aliviada y nuestra comunicación se convertirá en algo más agradable y descansador.

No nos afanemos por la posibilidad de que no nos llegue el turno de hablar. Ya llegará. Y de hecho resultará entonces más agradable hablar porque aquellos con quienes tratamos se contagiarán del respeto y paciencia que hemos demostrado al escucharles y empezarán a hacer también lo mismo.

Otros han ensayado a hacer esto y les ha ido bien. Ensayemos ahora nosotros y veremos resultados formidables.

Quien se calla en un momento de ira, evitará después muchas horas de tristeza

(S. Biblia, Proverbios)

51

Mostrémonos agradecidos cuando nos sintamos bien y también cuando nos sintamos mal

San Pablo recomendaba: **«Sean agradecidos».** Y añade: **«Den gracias al Señor en todo, porque ésta es la voluntad de Dios»** (1 Tes. 5,18). Y es curioso advertir que este apóstol, que tuvo una vida tan agitada, tan llena de sufrimientos y de tremendos problemas, repite 25 veces en sus cartas que él da gracias continuamente al cielo por todo lo que le sucede. Y recomienda a sus lectores y discípulos que traten de hacer otro tanto.

Dar gracias cuando todo resulta bien y nos sentimos agradablemente sanos y contentos, resulta algo bastante fácil, y siempre muy provechoso. Pero dar gracias cuando estamos de mal humor, con salud deficiente y llenos de problemas y angustias de marca mayor, eso sí que resulta cuesta arriba. Y es precisamente lo que pretendemos recomendar aquí.

Dicen los especialistas que la verdadera felicidad no consiste en no tener problemas (pues según eso los seres más felices serían los minerales, que no tienen ningún problema), sino en saber enfrentar con tranquilidad y paz esos momentos anímicos bajos y recibirlos hasta con acción de gracias, porque por algo los habrá permitido el buen Dios, que todo lo que permite que nos suceda es para nuestro bien. Cuando al famoso mártir San Cipriano le leyeron la sentencia en la cual lo condenaban a muerte por ser seguidor de Cristo, exclamó entusiasmado: **«Demos gracias a Dios».** Algo semejante deberíamos decir, al menos interiormente, cuando nos lleguen momentos de amargura y de dolor.

Mala reacción. Muchísimas personas hacen lo contrario. Cuando se sienten deprimidos se dedican a renegar, a maldecir, a autocompadecerse y a publicar lo mucho que tienen que sufrir. Y eso en vez de aplacar sus sufrimientos lo que hace es aumentarles su nerviosismo y desgastarles inútilmente sus energías. Intentan salir de la depresión por un camino que les lleva más y más al fondo, pues toda sensación negativa que se deja explotar produce un desgaste de nervios. Están queriendo apagar con gasolina sus incendios emocionales.

Los dos ladrones. Dicen que aquellos dos ladrones que fueron crucificados con Jesucristo en el Calvario, cuando recibieron su sentencia de crucifixión, tomaron dos reacciones muy diversas. El uno, Dimas, aceptó con paciencia este martirio porque reconocía que bien se lo merecía por sus muchos pecados, subió rezando a la cumbre del monte santo y aquella tarde al ofrecer a Jesús sus sufrimientos y su confianza en Él, obtuvo la promesa de ser llevado en seguida al paraíso. El otro, Gestas, en cambio, renegó de la sentencia recibida, subió al monte maldiciendo y murió renegando, perdiendo así todo lo que había podido ganar con aquel horrible martirio. El uno aceptó el dolor con acción de gracias y el otro con desesperación. Esos dos comportamientos se ven todos los días en muchas partes del mundo. Ojalá nosotros procedamos siempre como el paciente Dimas, y no como el encolerizado Gestas.

Esto también pasará. Og Mandino en su famoso libro *El mejor vendedor del mundo* aconseja que en los momentos de tristeza y depresión repitamos: «Esto también pasará». Es una fórmula que ayuda mucho a conservar el buen ánimo, pues como dice el adagio popular: «No hay mal que dure cien años, ni cuerpo que lo resista». Los momentos tristes se pasarán con la misma seguridad y certeza con que el sol se ocultará al anochecer.

Propósito. La próxima vez que me sienta con tristeza, depresión, abatimiento y estado de mal humor, en vez de autocompadecerme, de renegar, maldecir o explotar en palabras amargas, daré gracias a Dios por esta cruz que ha permitido que me llegue, y le ofreceré ese pequeño sufrimiento y haré el esfuerzo por cantar, silbar, sonreír (aunque no tenga ganas para ello), y me dedicaré si me es posible a escuchar un poco de música suave o a leer unas páginas de un libro ameno o a dar un pequeño paseo o por lo menos a decir las palabras de Jesús en Getsemaní: «Padre, si es posible, aparta de mí este cáliz de amargura. Pero que no se haga como yo quiero, sino como quieres Tú. Hágase tu santa voluntad». Y sentiré que del cielo me llegarán valiosas consolaciones, como le sucedió a Jesús.

52

Hay que convertirse en un conductor menos agresivo

Dicen que la gente se divide en cuatro clases: buenos, regulares, malos y... choferes agresivos.

Momentos de máxima tensión. ¿Cuándo es que algunos individuos se ponen más tensos? Cuando están conduciendo su auto en medio de un tráfico muy concurrido. Actualmente las vías parecen más pistas de carreras que lugares para transitar tranquilamente.

Razones de peso. Existen tres razones de peso para esforzarse por ser un conductor menos agresivo. La primera es que cuando el conductor se pone agresivo se coloca él mismo y a las demás personas en un extremo peligro (la cólera es una locura momentánea, y lo que se hace movido por la locura puede ser fatal). La segunda razón es que conducir un auto de manera agresiva es tremendamente estresante y desgasta pavorosamente el sistema nervioso. Aumenta la presión sanguínea, hace apretar las manos sobre el timón, produce fuerte tensión en los ojos y llena el cerebro de pensamientos que se escapan del control de la voluntad. Y en todo esto, el corazón es el que la paga. La tercera razón es que con esta agresividad no se logra llegar antes a donde se quiere ir. Qué cierta es esa frase que se ve en el vidrio posterior de ciertos autos: **«Más vale perder un minuto en la vida, que la vida en un minuto».** (Ojalá la recordáramos cuando tratamos de acelerar para pasar un semáforo en rojo).

Fatiga inútil. Viajábamos por una autopista llenísima. El tráfico era lento pero avanzaba. A nuestro lado iba un conductor extremadamente agresivo que pasaba de un carril a otro. Aceleraba y aminoraba. Se notaba a las claras que tenía mucha prisa. Nosotros permanecimos en el mismo carril durante bastantes kilómetros. Aproveché para escuchar unos cassettes de músicas suaves y tranquilizadoras y me dediqué a planear nuevas obras que quería emprender en lo porvenir. Disfrutaba mucho del viaje porque es una ocasión para estar apartado de conversaciones y ocupaciones extenuantes. Cuando llegamos ya a la entrada de la ciudad observé que el otro conductor venía todavía detrás de nuestro auto. Sin airarnos ni volvernos agresivos, logramos llegar a la capital un poco antes que el que había permanecido rabiando todo el trayecto. A pesar de todas sus rabietas no había logrado nada, excepto que probablemente se le subió la tensión y que sus nervios quedaron muy desgastados. Habría que repetirle la pregunta que ya hemos propuesto en páginas anteriores: «¿Y usted qué gana con todo esto?».

Buenos frutos. Cuando nos proponemos ser conductores menos agresivos, veremos que entonces nuestro viaje no es una competencia de velocidades, sino una ocasión para meditar, estar en silencio, y hasta planear para el futuro. Repitamos la famosa frase del gran Bossuet: **«La precipitación es señal de debilidad».** Sencillamente no vale la pena correr. Ponemos en peligro la vida de otros y la nuestra también. Y las multas que nos pueden llegar después por los «partes» de los policías de tránsito, tampoco serán muy agradables.

Saber escoger bien. Hoy la gente pasa mucho tiempo dentro del auto. Y ese tiempo puede dedicarse a gastar los nervios, a rabiar, a maldecir, a sentirse frustrado y a convertir el viaje en una cadena de afanes por llegar más temprano, o sencillamente hacer de cada viaje un agradable paseo en el cual no tenemos demasiada prisa por llegar, ni queremos convertir aquello en una competencia para saber cuál le gana al otro en velocidad, en pasar primero y en «no dejarse de nadie». Podemos escoger, entre hacer de nuestra vida una peleadera inútil y desgastadora, o sencillamente dejar que las cosas transcurran tranquilamente, «vivir y dejar vivir» y alargar así los años de nuestra existencia viviéndolos mucho más felices que los que hacen de cada día un «ring» para combatir con los demás.

Jesús nos sigue repitiendo su admirable promesa: «**Dichosos los mansos, los no agresivos,** los que buscan la paz, porque ellos poseerán la tierra y serán llamados hijos de Dios» (Mt. 5).

Hay que relajarse

¿Relajarse? ¿En qué consiste y cuándo? A pesar de haber oído muchas veces esta palabra «relajarse», sin embargo son muy pocas las personas que se detienen a considerar en qué consiste esto y cuándo conviene hacerlo.

Preguntamos a la gente en qué consiste el relajarse y responden: «Es algo que se hace cuando se está de vacaciones, cuando se dedica uno a descansar en una hamaca, cuando se recibe la jubilación, o cuando ya se ha logrado terminar todo lo que había que hacer».

Grave desproporción. Si consideramos que el relajarse es únicamente para las ocasiones que acabamos de enumerar, esto significa que en la mayoría de las otras ocasiones, o sea en el 95% de la vida, hay que vivir en estado de nervios, agitaciones, afanes y precipitación. Esto explica por qué la mayoría de nosotros vivimos la vida y actuamos como si cada día fuera algo de enorme gravedad. Muchísimos de nosotros dejamos el relajarnos y el descansar tranquilamente para cuando la «carpeta de cosas pendientes» esté vacía. Y por supuesto que eso nunca sucederá.

Algo para hacer frecuentemente. Tenemos que pensar en el relajarse como una cualidad del corazón a la cual podemos llegar de modo regular, en vez de considerarlo como algo reservado solamente para más tarde. Ahora mismo podemos relajarnos. Podemos escuchar una música suave, mirar hacia lo lejos sin fijar la vista en ningún objeto especial. Podemos tratar de colocar nuestros problemas en manos de Dios para que Él intervenga y nos ayude a resolverlos.

Cualidad propia de grandes personajes. Hay que recordar que el saber relajarse ha sido cualidad de muchos grandes triunfadores. Porque el lograr estar relajados nerviosamente ayuda muchísimo a la creatividad. El cerebro lleno de nerviosismos no es capaz de tomar resoluciones equilibradas. Cuando me siento tenso evito el tratar de escribir, pero cuando he logrado relajarme, la escritura fluye con rapidez y facilidad. **No existen gigantes en el campo de las emociones negativas. Allí todos somos casi minusválidos.** Pero cuando llega la paz al espíritu, entonces sí la creatividad obra de manera admirable.

Rockefeller. Dice la biografía de este multimillonario, que cuando estaba de novio, la futura suegra le decía a su hija: «No se case con ese tipo porque es un perezoso y dormilón». Y es que había oído decir que Rockefeller de vez en cuando, después de ciertas actividades muy agotadoras, se echaba un pequeño sueño para descansar. Pero esto le permitía tener después la mente más despierta y los nervios más calmados para tomar resoluciones más equilibradas. En cambio otros que se imaginan que pueden pasar las doce horas del día de afán en afán y de estrés en estrés, acaban por quemarse antes del tiempo.

Consecuencias. Saber relajarse de vez en cuando trae como ventajas que se aprende a reaccionar de modo diferente y más calmado ante los dramas de la vida y convertir los melodramas en microdramas. Si aprendemos a relajarnos lograremos recordarnos a nosotros mismos con mucha bondad que es necesario aprender cuál es el mejor modo de reaccionar ante los problemas de la vida y no darles más importancia de la que en realidad tienen. ¿Qué importancia daremos de hoy en diez años a este problemas que nos acongoja en el día de hoy? Y si entonces no le vamos a conceder tanto carácter de tragedia, ¿para qué amargarnos la vida presente por algo que en realidad no es tan trágico ni tan peligroso? Al relajarnos miraremos la vida de manera diferente, y nuestro propósito de practicar la relajación frecuentemente se traducirá en un modo más agradable de vivir nuestra existencia y quizás hasta de prolongar un poco más nuestros años sobre el planeta Tierra.

**Después del pecado,
ninguna otra cosa nos hace
tanto daño como el vivir afanados,
preocupados, llenos de inquietud
y sin el descanso necesario.**

(San Francisco de Sales)

54

Convirtamos los melodramas en microdramas

La frase que encabeza este capítulo es sólo otra manera de expresar el tema de todo el libro: **«No disgustarnos por pequeñeces».** No hacer de pequeños dramas unas horribles tragedias. Mucha gente vive como si la vida fuera un continuo melodrama.

¿Qué es un melodrama? El diccionario lo define así: «Es una representación en la que se muestran los hechos de una manera sensiblera, dándole más importancia a lo trágico que a lo que es alegre y placentero». Esa es la representación que nosotros vivimos, repitiendo día por día. Con grandes dosis de dramatismo sacamos las cosas de su debida proporción y de un ladrillo hacemos una montaña, y lo que es como una pequeña mosca lo representamos como si fuera un enorme elefante. Olvidamos que la vida no es tan mala como nos parece, ni las cosas tan trágicas como las imaginamos, ni las personas tan crueles y mal intencionadas como nuestra imaginación calenturienta quisiera hacerlas aparecer.

Un buen método. He descubierto que el sencillo descubrimiento de recordarme a mí mismo que la vida no tiene que ser una radionovela trágica ni una telenovela para hacer suspirar y llorar, constituye un poderoso método para serenarme. Cuando me pongo demasiado tenso y empiezo a tomar con exagerada seriedad y gravedad lo que me está sucediendo (sensaciones que me llegan mucho más a menudo de lo que desearía que me sucediera), empiezo a decirme: «Ya estamos otra vez exagerando las cosas. ¡Estoy haciendo un drama trágico y tremendo de lo que es apenas un problemita pasajero! A ver si aprendo a tomar las cosas en sus debidas proporciones y a no hacer de un ratón un tigre bravo». Normalmente esto desarma mi actitud alarmista y mi modo equivocado de hacer de un simple hecho un drama espantoso. Esta recomendación que me acostumbro hacer a mí mismo es como si cambiara de estación de radio y pasara de una radiodifusora que transmite músicas de cantina que invitan a llorar de tristeza y a emborracharse por la desesperación, a una emisora que transmite música suave y tranquilizadora. O como si pasara de un canal de TV que está narrando una telenovela llorona y que invita a suspirar y a sufrir, a sintonizar un canal que me trae narraciones amenas que alegran la vida y la llenan de paz. He convertido entonces un melodrama entristrecedor en un microdrama que ya no me asusta ni entristece.

La repetición de algo dañoso. Cuando presentan una novela por radio o televisión notamos que las personas convierten pequeños detalles de la vida que no tenían mayor importancia, en terribles tragedias que les amargan la existencia. «¿Por qué dijeron algo así de mí? ¿Por qué me miró mal? Sonrió al cónyuge del otro, ¿será que están siendo infieles?», y la reacción es ésta: «Dios mío, ¿por qué tenía que sucederme a mí esta desgracia? Esto es demasiado grave para que yo lo pueda soportar». Y luego comentan con una y otra persona lo que imaginan ser un tremendo drama, exclamando: «¡Qué horrible es!», y al comunicar a los demás sus angustias, éstas crecen y crecen y siguen atormentándoles. Y la vida se les convierte en una emergencia, en un melodrama.

Determinación. La próxima vez que nos sintamos estresados, angustiados, afanados, empleemos la estrategia que ahora acabamos de recordar; recordemos que la vida no es una emergencia ni un drama, ni una tragedia, sino simplemente un camino lleno de pequeñas dificultades que se logran superar o aceptar poco a poco, y que cada dificultad puede aumentar nuestra personalidad y el premio que nos espera para el cielo. Y tratemos de convertir cada melodrama en un microdrama. Así seremos más felices.

¿Has visto a alguién que se dedica con todo su esfuerzo en hacer bien lo que tiene que hacer? No quedará entre los últimos. Llegará a estar entre los primeros.

(S. Biblia, Proverbios)

Al leer artículos que van contra nuestras opiniones pensemos qué razones tendrán para pensar de esa manera

Regla general. Casi siempre cuando leemos algo tratamos de reforzar nuestras ideas y opiniones. Y los programas que elegimos en radio y televisión tratamos de que estén de acuerdo con nuestro modo de pensar. Nos hemos formado nuestras opiniones y pasamos gran parte de la vida tratando de fortalecerlas y hasta defenderlas.

Un modo distinto. Pero sucede que de los que piensan distinto de nosotros puede ser que logremos también aprender cosas nuevas, y al tratar de comprender lo que opinan quienes piensan distinto, evitamos que el corazón y la mente permanezcan cerrados y nos libramos del estrés y nerviosismo que se producen cuando uno vive disgustado por lo que piensan y opinan los demás. Una mente cerrada está siempre dispuesta a mantener a distancia todo lo que opinen y piensen los que no sean de su mismo parecer.

Excepción. Ya hemos dicho que en cuanto a las verdades de la Sagrada *Biblia* y los dogmas de la Santa Iglesia Católica jamás de los jamases podremos aceptar algo que vaya en contra de eso, porque son mensajes del Dios Santísimo. Pero en lo que no pertenezca a las verdades de la fe y de la moral, sí podemos estar dispuestos a analizar los pareceres de otras personas.

Todos estamos convencidos de que nuestra manera de considerar las cosas es la única correcta y olvidamos que cuando dos personas discuten con ideas opuestas puede suceder que cada una use el mismo argumento para demostrar a la otra que está equivocada y... ambos argumentos pueden ser claros y convincentes.

Un plan. Para evitar el peligro de empecinarnos y volvernos cada día más inflexibles en nuestros pareceres acerca de muchas cosas que no atacan los principios religiosos y morales y para poder alegrarnos de que estemos aprendiendo algo nuevo, tratemos de ahora en adelante cuando oigamos o leamos alguna opinión de otros que piensan distinto a nosotros, de pensar seriamente en esto: ¿qué razones tendrá para decir eso y opinar de esa manera? No es que vamos a cambiar nuestras creencias ni nuestras opiniones, lo único que estamos haciendo es ampliar la mente y abrir el corazón a ideas nuevas y volvernos más comprensivos. Esto puede disminuir el nerviosismo que proviene de estar atacando y condenando continuamente en el cerebro el modo de opinar que tienen otras personas.

Efectos. El tratar de comprender el por qué opinan y piensan de otra manera distinta a la nuestra, contribuye a que veamos la inocencia y no la malicia o mala voluntad en el proceder de los demás y nos ayuda a ser más pacientes y menos intransigentes. Y nos convertiremos en personas más pacíficas y relajadas y mucho más prudentes en emitir juicios acerca de las opiniones ajenas porque empezaremos a darles importancia a las razones que tienen los demás para pensar y opinar como lo están haciendo. En mi hogar recibimos publicaciones de extrema derecha, de centro y de extrema izquierda, de capitalistas y socialistas, de pacifistas y guerreristas, y analizamos los puntos de vista de cada sector con un esfuerzo por comprender qué razones han movido a cada cuál a opinar de esa manera. Y los unos y los otros han contribuido a ampliar nuestro modo de ver los acontecimientos del mundo de un modo más comprensivo y menos condenatorio. Y de paso estamos cumpliendo la ley que tanto recomendaba Jesús: «No juzgar y no condenar, para no ser juzgados ni condenados por Dios» (Mt. 7).

> **La única discusión que se gana es la que se evita.**
>
> (Carnegie)

56

Hacer una sola cosa cada vez

Hace 3.000 años el sabio rey Salomón escribió un proverbio que es muy cierto: «Quien mucho abarca, poco aprieta».

Los sabios romanos de la antigüedad repetían mucho a sus hijos y a sus discípulos este lema: «Haz lo que haces. Concéntrate en hacer bien lo que estás haciendo sin estar pensando mientras tanto en otras cosas y sin estar haciendo dos cosas al mismo tiempo, porque entonces ambas te quedarán mal hechas».

Caso concreto. Hace poco en un viaje por una avenida vi a un señor que conducía un automóvil y mientras iba manejando hablaba por su teléfono celular y consultaba una lista de direcciones que tenía escritas en una libreta. Éste me pareció el caso concreto de **«lo que no se debe hacer».** Estar haciendo una cosa tan delicada como manejar un auto y al mismo tiempo estar charlando por teléfono y mirando una lista de direcciones. Con razón el policía de tránsito lo detuvo y le impuso una fuerte multa. Es que obrar así es señal de una tremenda irresponsabilidad.

Una respuesta equivocada. En varias ocasiones hemos narrado este hecho: llamaron a un amigo desde larga distancia y éste sin bajarle el volumen a su radio empezó a contestar a quien le llamaba. El otro le dijo: **«Oiga, que me gané la lotería».** Y el distraído, que con un oído escuchaba el radio y con el otro al que le hablaba por teléfono, le respondió: «Sentido pésame». «¿Y por qué me envía un sentido pésame?», preguntó el amigo lejano. Y el distraído le respondió: «¿Y no me dijo que **se le murió la tía?».** ¡Cómo se entiende todo al revés cuando se hacen dos cosas a la vez.

Con frecuencia intentamos hacer más de una cosa al mismo tiempo y todas nos quedan hechas chambonamente. Aquí sí que se cumple el refrán antiguo: **«El perezoso trabaja dos veces».** Por querer ahorrar tiempo nos toca repetir después lo que hicimos descuidadamente. Realizamos tres o cuatro tareas al mismo tiempo y ninguna queda tan bien hecha como debiera haber quedado, y el desgaste nervioso es impresionante.

Daños. Cuando se hacen demasiadas cosas a la vez resulta imposible concentrarse debidamente en lo que se está haciendo. Y así nos perdemos el placer de hacer bien hecho lo que estamos haciendo, y nuestro trabajo resulta mucho menos perfecto y eficaz.

De San Juan Bosco decía la gente que atendía a cada persona que iba a consultarle como si ella fuera la única en el mundo, y que mientras le atendía no pensaba ni se preocupaba por nada ni nadie más. Y eso que cada día tenía que atender docenas y docenas de personas y de consultas. Cada cuál quedaba bien recibido porque mientras le atendía no pensaba en otra cosa sino en poder resolver de la mejor manera sus problemas.

Ejercicio interesante. Es muy provechoso comprometerse consigo mismo a no hacer más que una sola cosa cada vez, durante determinado tiempo. Mantener la atención concentrada en aquello que estamos haciendo, sin pensar en lo futuro que tenemos que hacer.

Conclusiones. Si nos acostumbramos a hacer bien lo que estamos haciendo y a concentrarnos en una sola obra a la vez, advertiremos que empiezan a suceder dos cosas. La primera es que disfrutaremos realmente con lo que estamos haciendo, aunque sean acciones tan ordinarias como lavar platos o ropa, o vender o comprar, o manejar un auto, o arreglar un motor, o hacer un mandado, etc. La segunda consecuencia es que nos asombraremos de la rapidez y perfección con la que iremos haciendo las cosas. Desde que aprendí a concentrar mi atención en lo que hago en cada momento, mis distintas habilidades han mejorado considerablemente. Y eso les va a suceder a quienes lean esto. Desde el día en el que se propongan hacer una sola cosa cada vez, sentirán que su vida rinde más y es mayormente tranquila y provechosa para sí mismos y para los demás.

> Tratemos de dejar el mundo en mejores condiciones que las que tenía cuando llegamos a él.
>
> (Baden - Powell)

Contar hasta diez

Cuando estábamos en el colegio, los profesores de moral y de personalidad nos narraban el caso del emperador César Augusto, el cual iba a expulsar definitivamente de su palacio de Roma a un sabio, y éste antes de irse le dio el siguiente consejo: **«Cuando esté encolerizado, antes de hablar o de obrar, cuente hasta diez».** El mandatario empezó a practicar ese consejo y le produjo tan buenos frutos que volvió a llamar al sabio para que volviera a vivir en el palacio y le siguiera dando buenos consejos.

Remedio eficaz. Existe un libro moderno que ha tenido más de cien ediciones. Se titula *Control cerebral*, del padre Irala. El autor cuenta allí que cuando era joven escuchó este magnífico consejo: «Cuando le llegue la ira y el mal genio, **antes de responder o decir algo respire hondo** y pronuncie las siete primeras letras del abecedario». Y dice que le produjo un resultado tan maravilloso que lo libró de muchísimos estallidos de ira que habrían sido muy dañosos para él mismo y para los demás.

La técnica de la respiración. Especialistas en el sistema nervioso aconsejan una estrategia sumamente eficaz que consiste en lo siguiente: **cuando sentimos que nos estamos enojando, realizar una larga y profunda inspiración** (y mientras tanto ojalá decir una pequeña oración, por ej., «Dios mío») y tratar de hacer esto siquiera tres veces. Lo que estamos haciendo con este ejercicio es llenar los pulmones de aire fresco y la mente de paz y tranquilidad. Esta mezcla de respiración y oración se volverá tan relajante que resultará casi imposible continuar enfadado. El tiempo transcurrido entre el momento en que recibimos el disgusto y el momento en que hablamos habrá servido para detener las palabras indebidas que íbamos a pronunciar y para callar lo que vemos que no conviene decir.

Resultado. El detenerse por unos momentos a respirar hondo (y si es posible decir una pequeña oración) contribuirá a que logremos tener sentido de la perspectiva, del mirar hacia lo lejos y el futuro, no sólo a lo presente, y a hacer que las contrariedades que pudieran parecer «grandes» nos parezcan «pequeñeces»; esto aleja mucho el estrés, la frustración y el malgenio.

La próxima vez que nos llegue un estallido de cólera tratemos de poner en práctica este remedio tan sencillo y provechoso, y quizás puedan decir de nosotros lo que afirmaron de un gran personaje moderno: «Desde que empezó a practicar la técnica de la respiración profunda y de la oración, nadie lo vio de mal genio, ni enojado, ni movido por algún movimiento instantáneo de cólera o de impaciencia. Siempre amable y cortés, y con una inalterable sonrisa».

Un gran sabio. Sócrates, el más famoso filósofo de la antigüedad, fue insultado un día por un alumno maleducado y rebelde y no le respondió nada. Al tercer día lo llamó para hacerle la corrección por su mal proceder. El joven le preguntó por qué no lo había corregido en el momento de la ofensa y el sabio le dijo: «Porque yo sentía enfado e impaciencia, y en un momento de cólera lo que más conviene es callar». ¿Imitaremos la conducta de este gran personaje?

¿Qué hacía Jesús cuando lo ofendían, lo insultaban y golpeaban? Sencillamente se callaba. En toda su pasión estuvo «revestido de silencio». Callemos, respiremos hondo, entonemos una pequeña oración y seremos más felices aquí y en el cielo.

La mejor medicina es tener un ánimo gozoso que nos hace vivir alegres cada día.

(Salomón)

Quien sabe dominarse a sí mismo, vale más que quien logra dominar una ciudad.

(Proverbios 16, 32)

58

Practicar la posición de estar en «el ojo de la tormenta»

El «ojo de la tormenta» es un sitio que está en el centro de un huracán o de una gran tormenta, y mientras todo lo demás se halla tremendamente convulsionado, aquel sitio se conserva en completa calma. Qué agradable fuera si también nosotros pudiéramos conservar la calma y la serenidad mientras los demás discuten, pelean y se encolerizan. Eso es estar en el ojo de la tormenta.

Casos prácticos. Vamos a una reunión. Allí puede haber discusión, alegatos y hasta insultos. Nuestro propósito tiene que ser desde el principio tratar de conservar la mayor calma posible y de aprovechar aquella experiencia para ejercitarnos en la paciencia y en el silencio. Hay que hacerse este propósito: «Voy a ser la persona que conservará la calma en esta discusión». Respiraremos hondo. Elevaremos una pequeña oración. Trataremos de no disgustarnos por pequeñeces. Practicaremos la capacidad de escuchar. Trataremos de dejar que los otros tengan razón y disfruten de la gloria de haber ganado la discusión. Lo importante es que logremos conservar la calma. Esto será una gran victoria.

Buenos efectos. Si nos ejercitamos en tratar de conservar la calma y ser tranquilos como el centro de una tormenta, el cual sigue conservándose en calma mientras a su alrededor todo es violento y turbulento, notaremos que nuestra mente se va volviendo mucho más equilibrada y el sistema nervioso funciona mejor. Así disfrutaremos mejor de la vida de cada día.

Poco a poco, a base de esforzarnos por permanecer tranquilos aunque todo alrededor sean quejas, dolores, protestas y discusiones, empezaremos a notar que nuestra personalidad es más reposada y simpática y que la salud del cuerpo ha salido ganando con ello.

El libro de los *Proverbios* dice: **«Luego enseguida el necio manifiesta su cólera. Pero el prudente sabe refrenar su ira y no manifestarla».** ¿Qué queremos ser de ahora en adelante, necios o prudentes? Los campesinos repiten este refrán: **«La mejor ciencia es la abuela prudencia».** El rey San Fernando decía: «Prudencia es saber las cosas que hay que hacer para ser buenos y sanamente felices, y las cosas que hay que evitar para no ser malos ni tristemente infelices, y tratar de evitarlas». Y esto de permanecer tranquilos como el ojo de una tormenta es una de las cosas más provechosas para conservar la bondad y la felicidad.

Dios es siempre totalmente tranquilo porque es poderoso, sabio y santo. Cuanto más un ser humano se aseme je a Dios, tanto más tratará de conservar siempre y en todo la más completa calma, como la que existe en el «ojo de una tormenta».

59

Seamos flexibles para aceptar que nuestros planes se trastornen y cambien

Terquedad. La *Biblia* dice en el Salmo 32 que no debemos ser como caballos sin amansar o mulas resabiadas que cuando se proponen irse por un camino es muy difícil hacerlas cambiar de ruta. En algunos se cumple aquel antiguo dicho popular: «Cuando un bobo va por un camino, o se acaba el camino o se acaba el bobo». Se nos mete un plan en la cabeza y por nada del mundo queremos cambiarlo. Es verdad que para que un plan pueda llegar al éxito se necesita perseverar en él, cueste lo que cueste, pero sin amargarnos la vida si no resulta todo tal como lo habíamos planeado.

Daños. Sucede que la demasiada inflexibilidad en cumplir nuestros planes produce una cantidad enorme de desgaste nervioso y nos convierte en seres irritables e insensibles con los demás.

Planes que fallan. Tenemos que cumplir una cita a las 9:30. Nos vamos a las 8:30 pero hay un trancón enorme y no alcanzamos a llegar. Existen entonces **dos soluciones:** la una, rabiar, llenarnos de nerviosismo, desgastarnos a base de cólera... y lo mismo, quedarnos sin llegar a tiempo. La otra es tomar las cosas con calma. ¿Que no pudimos llegar a tiempo? ¿Fue culpa nuestra? Claro que no... Mañana será otro día... y habrá otra ocasión. Más se perdió en el diluvio... ¿O es que se va a acabar el mundo por este pequeño percance?

Casos y cosas. Teníamos el plan de salir a trotar un rato o de jugar un partido de fútbol y... ¡zuás! un aguacero, y se echó a pique el plan... Nos fuimos a paseo y a mitad del viaje se nos varó el carro... ¿Queríamos acabar rápido un trabajo y se fue la luz o se trabó el computador... Existen incontables ejemplos y ocasiones en que nuestros planes cambian de manera repentina; algo que pensábamos que iba a tener lugar no sucede. Alguien no hace lo que había dicho que iba a hacer. El negocio que parecía iba a producir buen dinero no lo produjo... **«El hombre propone y Dios dispone»**, dice la gente, o como afirma Salomón en los *Proverbios*: «El ser humano hace planes, pero es Dios el que dispone como han de suceder las cosas».

Unas preguntas. Ante la lista interminable de cosas que no suceden como esperábamos, conviene hacerse estas preguntas: **¿en verdad esto tiene tanta importancia como para que yo pierda la calma** y me llene de nerviosismo y de mal genio? ¿Qué es lo más importante: que se ejecute exactamente un plan que yo mismo me había trazado, o que viva en paz con mis nervios y no me amargue la vida por pequeñeces? ¿Qué vale más: que se cumplan mis planes y se haga lo que yo quiero, o que se cumpla lo que Dios ha permitido que me suceda (y según la *Biblia*, todo siempre sucede para bien de los que lo aman) y yo me convierta en persona más apacible, menos irascible y no anteponga nunca la rigidez de unos programas que me he propuesto, a la flexibilidad que se necesita tener para no hacer de la vida de cada día una colección de pequeñas tragedias?

Buen remedio. Es de gran utilidad partir de la base de que un determinado porcentaje de los planes que hemos hecho terminará cambiando. Si así lo calculamos, cuando suceda que no logramos obtener lo que queríamos, exclamaremos con tranquilidad: «he aquí que sucedió uno de los hechos inevitables, tal como yo lo había calculado».

Resultados. Si nos ponemos la meta de volvernos más flexibles y de no hacer de nuestros planes algo rígido que tiene que cumplirse exactamente porque sí, comenzarán a suceder cosas admirables en nuestra vida: nos sentiremos más relajados, más tranquilos de los nervios, y no por eso disminuirá nuestra productividad. Y hasta puede ser que nos volvamos más productivos porque ya no viviremos gastando energía nerviosa por estar alterados y preocupados a causa de que no se han cumplido todos nuestros planes. Hay que aprender a confiar en que lograremos nuestros objetivos principales a pesar de que tengamos que alterar ligeramente, e incluso por completo, nuestros planes. Y las personas que nos tratan se sentirán también más felices, porque ya no tendrán que caminar como por sobre brasas cada vez que tuvimos que cambiar los planes que nos habíamos trazado.

60

Pensemos en lo que tenemos, en vez de vivir pensando en lo que deseamos tener

Una experiencia. En muchísimos años tratando de curar a la gente de nerviosismo, angustia y estrés, una consecuencia que se saca es ésta: que un gran número de personas amargan su vida por dedicarse a pensar más en lo que desean tener que en lo que en realidad tienen. No les importa lo que ya tienen, aunque sea mucho, sino que la lista de lo que desean conseguir sigue creciendo y así viven siempre insatisfechos. Y existe un mecanismo dañoso que consiste en pensar que si se consigue determinado deseo ya se quedará satisfecho, y resulta que esto no sucederá así porque cada deseo satisfecho hace nacer un nuevo deseo de conseguir otras cosas más.

La leyenda del picapedrero. Desde varios siglos antes de Cristo ya se narraba la leyenda de aquel picapedrero que se encontraba aburrido con su fatigoso oficio de cortar piedras de la roca y labrarlas bajo un sol abrasador, y pidió al cielo que le concediera lo que él deseaba. En un sueño vio que le era concedido lo que pedía y que él deseaba convertirse en sol, y lo consiguió y empezó a enviar rayos luminosos a toda la Tierra. Pero se le atravesó una nube negra y no dejó pasar sus rayos de luz. Entonces deseó convertirse en nube y lo consiguió, y comenzó a derramar enormes aguaceros por todas partes y a inundar cuanto encontraba, pero se encontró con una roca alta y durísima contra la cual se estrelló inútilmente y no le pudo hacer nada. Deseó volverse roca y lo obtuvo. Desafiaba a los vientos, a las lluvias y a las tempestades, pero un día empezó a sentir que alguien le socavaba sus cimientos. Era un picapedrero que le quitaba cada día pedazos y pedazos de piedra. Entonces deseó volverse picapedrero... y al despertarse sintió aquel humilde hombre que lo mejor era aceptar lo que ya tenía, y no vivir deseando inútilmente lo que tampoco lo iba a hacer completamente feliz.

Malas consecuencias. No podremos encontrar la felicidad si vivimos siempre suspirando afanosamente por otras cosas fuera de las que ya tenemos. El vivir pensando en lo que no tenemos nos convertirá infaliblemente en personas insatisfechas, porque nunca nuestros deseos quedarán completamente satisfechos. Si quien tiene un auto de veinte millones vive deseando uno de sesenta, y quien tiene una casa de dos pisos vive suspirando por una de tres o de cuatro; quien tiene un sueldo que no le alcanza envidia a quien tiene unas ganancias que le sobran... Todas estas personas viven amargadamente su existencia, simplemente por no refrenar sus deseos. Las personas más felices del mundo son las que menos deseos innecesarios tienen y aprecian debidamente lo que ya tienen.

Soluciones. Existe una manera de ser feliz. Desplazar nuestros pensamientos de lo que deseamos tener y llevarlos a lo que ya tenemos. En lugar de desear que las personas que tratamos sean diferentes, pensemos en las maravillosas cualidades que ellas tienen. En vez de quejarnos del sueldo que ganamos, demos gracias a Dios porque tenemos un empleo y un oficio para ganarnos la vida. En lugar de desear irnos de vacaciones a lejanas tierras, pensemos en lo alegremente que hemos pasado estos días aquí donde estamos.

Propósito. Cada vez que me venga la tentación de pensar «ojalá la vida fuera diferente», me detendré, respiraré profundamente y pensaré en algunas cosas por las cuales debo estar agradecido al buen Dios. De todos modos, muchas de las cosas que deseamos, si seguimos trabajando con juicio, las iremos consiguiendo, pero todo a su tiempo. El Salmo 145 dice: «**Dios satisface los buenos deseos de sus amigos**».

Buenos resultados. Si nos fijamos en las buenas cualidades de las personas que tratamos las amaremos más y ellas nos amarán más también a nosotros. Si damos gracias por el sueldo que estamos recibiendo haremos mejor nuestros trabajos, seremos más productivos y hasta quizás recibamos un ascenso. Si en vez de andar suspirando por ir de vacaciones a lejanas tierras tratamos de ser felices aquí donde estamos, lo conseguiremos.

Hagamos el propósito de pensar más en lo bueno que ya tenemos que en lo que deseamos conseguir, y quizás por primera vez en la vida nos sentiremos satisfechos.

61

Echemos a un lado los pensamientos negativos

Estadística. Se ha calculado que el cerebro humano tiene alrededor de cincuenta mil pensamientos por día. Unos son positivos, productivos, provechosos, pero otros son negativos y dañosos como por ejemplo los de miedo, disgusto, pesimismo, inquietud, autocompasión, cólera y afán. La fórmula para convertirse en una persona tranquila, feliz, pacífica y amable, no es no tener pensamientos -que los tendremos, queramos o no queramos- sino saber elegir bien cuáles sí nos convienen, y aceptarlos, y cuáles no nos convienen y rechazarlos.

Saber elegir. Los pensamientos negativos no pueden hacernos mayor daño si no les permitimos anidar y quedarse en nuestro cerebro. Y es necesario saber elegir a tiempo entre aceptarlos y volvernos unos amargados, o reemplazarlos por pensamientos positivos y obtener así una personalidad simpática. Así por ej., nos viene el pensamiento de que nuestros papás o superiores nos trataron muy duramente en nuestra niñez o juventud. Si dejamos que este pensamiento anide y se quede en la mente se nos formará una tormenta interior, nos llena-

Dedicar algunos momentos a meditar en paz

No somos más porque nos alaben ni menos porque nos critiquen

remos de autocompasión (es la primera condición para llegar a la depresión) y ese pensamiento irá creciendo como los pequeños tigrecitos de los circos que al principio parecen unos sencillos gaticos pero al crecer se vuelven unas fieras feroces y destructoras. En cambio, si pensamos que esos tratos duros que recibimos no provinieron de mala voluntad de quienes no los dieron sino de su carácter, de la formación que ellos recibieron, por la falta quizás de debida información, y de otras causas más que ignoramos, y que el haber sido tratados duramente fue útil para formar nuestra voluntad y resistencia en el sufrimiento y para ganar más premios para el cielo, este pensamiento positivo anula el negativo y lo echa del cerebro, porque allí no puede haber dos pensamientos al tiempo y si hay uno positivo, el negativo tiene que irse retirando.

Otro enemigo. Existe un peligro en el pensar y consiste en que nos dediquemos a tener pensamientos negativos acerca de lo que está sucediendo ahora, ya sea en nuestra casa, en el sitio de trabajo, en la ciudad o en el mundo. Si ponemos unos anteojos negros a nuestra mente veremos todo de color negro, y -además de ser ello una solemne mentira- amargamos nuestro modo de pensar y de hablar y nos volvemos unos amargados acusadores y criticones de todo lo que existe. Y la crítica negativa apaga el entusiasmo. Por cada cosa mala que sucede en el mundo, en nuestra familia y en mi propia vida, suceden cinco o más cosas buenas. ¿Por qué no pensar más bien en ellas y no en lo malo y negativo?

Terror inútil. Un pensamiento negativo que hace un gran daño es el del mirar el futuro con susto y desconfianza como si el Dios Todopoderoso que tanto nos ama y se preocupa por nosotros, no estuviera en el futuro. ¿Acaso no está Dios gobernando el mundo? ¿O es que puede caerse un cabello de la cabeza sin que Él dé permiso, o morir una golondrina sin que Dios así lo permita? Y entonces, ¿para qué tanto afán? Hoy estamos viviendo el terrible futuro al cual hace unos años le teníamos tanto temor, y hemos podido pasarlo bastante bien. Por eso cualquier pensamiento negativo y pesimista acerca del futuro hay que rechazarlo como a una mosca inoportuna que viene a infectar nuestro cerebro.

Las dos viajeras. Una mañana salieron de paseo una mosca y una abeja. La mosca fue de basurero en basurero recogiendo infecciones en sus patas y las llevó a la bandeja de alimentos de la familia para que se infectaran todos. La abeja fue de flor en flor recogiendo néctar y polen y los llevó a su colmena para fabricar alimentos muy nutritivos y provechosos. ¿Qué va a ser nuestra mente en adelante? Abeja que busca pensamientos positivos y los colecciona para robustecimiento de la personalidad y de la alegría en el ambiente, o mosca negativa que va de recuerdo malo en recuerdo malo para infectar así nuestra personalidad y llenarla de amarguras y desilusiones? ¡Dios nos ayude a escoger bien!

62

Tratemos de aprender de los amigos y familiares

El libro santo dice que el primer paso para adquirir sabiduría es tener un gran deseo de instruirse.

Y los antiguos decían: no hay persona tan ignorante y tan poco instruida, que de ella no se pueda aprender algo bueno.

Grave defecto. Una de las actitudes más empobrecedoras que he conocido es el negarse a aprender de las personas que tratan con nosotros, ya sean familiares, compañeros, clientes, súbditos o superiores. En vez de esforzarnos por aprender de ellos lo más que podamos, nos negamos a hacerlo, debido a nuestra testarudez, o al propio orgullo, o al desprecio hacia sus conocimientos, o simplemente a la indiferencia y poco deseo de instruirnos más y más.

Tesoro ignorado. Es algo triste que siendo la gente que vive con nosotros la que más nos conoce, nos neguemos a recibir de ellos alguna instrucción. Ya el sabio de la antigüedad dejó escrito: «**Triunfan los planes cuando se consulta a los que saben, pero fracasan cuando no se consulta debidamente**». Muchas veces cuando actuamos de modo derrotista, un amigo, un familiar, un compañero prudente, podrían ofrecernos soluciones sencillas y prácticas. Pero si somos demasiado orgullosos y creemos que ya nos sabemos todas las soluciones, nos vamos a quedar sin recibir luces maravillosas que podrían mejorar nuestra vida.

Preguntas difíciles. Hay que hacer el ensayo de preguntar un poco más (eligiendo con prudencia a quienes preguntamos, que no todo el mundo está en capacidad de dar las debidas respuestas o guardar el prudente silencio acerca de lo que se consulta). A veces pregunta uno a alguien de confianza en la familia o en el grupo: «¿Cuáles son algunos de mis puntos débiles?». Esto hace que la persona a quien se pregunta se sienta más importante y más estimada. Y acabamos recibiendo consejos sumamente prácticos. **Porque tenemos el peligro de echar nuestros defectos en la nevera del olvido** y después de años y años no haberlos corregido en lo más mínimo porque nunca nadie nos los hizo resaltar ni los puso delante de nuestros ojos.

Algo excepcional. Casi nadie emplea este modo de progresar espiritualmente. Claro está que exige una buena dosis de valentía, todo lo cual se puede obtener pidiéndola a Dios muchas veces en la oración. Esto nos puede llevar a no hacer caso omiso de las sugerencias, sino más bien a darles importancia; a interpretar positivamente las críticas y a demostrar más aprecio por los demás. Ya podemos imaginar lo sorprendidos que se van a quedar cuando les pidamos su consejo o sus observaciones. No olvidemos lo que aconsejaba uno de los siete sabios de Grecia: «Si no tienes un amigo que te corrija de tus defectos, págale (por terceras personas) a un enemigo para que te avise de ellos». Difícil, pero provechoso. Muchos lo han hecho y se sienten contentos de haberlo intentado siquiera una vez en su vida.

Saber escoger. Pidamos a Nuestro Señor que nos proporcione alguna persona prudente e iluminada que nos aconseje a tiempo. ¿Será un sacerdote, aunque sea en la confesión? ¿Será un profesor? ¿Un compadre... o nuestros propios papás? Dicen que **el hijo opina de la siguiente manera acerca de su padre:** «A los diez años, mi papá lo sabe todo. A los quince, mi papá ignora ciertas cosas. A los veinte, mi papá es un atrasado... A los treinta, voy a consultar al viejo. A los cincuenta, lástima no haberle consultado más, ya es tarde».

Consecuencia. Muchos hemos hecho el ensayo de consultar a nuestro papá o un anciano y aunque nos ha hecho una pequeña conferencia nos damos cuenta que valió la pena consultarlo. Sus consejos nos han hecho aprender cosas que de otra manera las habríamos aprendido de manera muy dolorosa.

No existe una persona de la cual no podamos aprender algo.

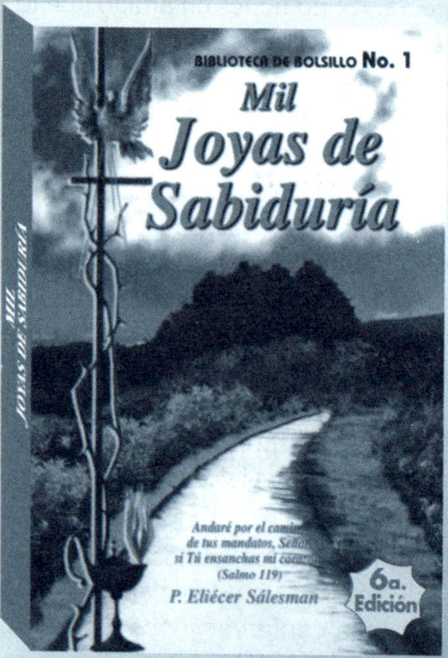
BIBLIOTECA DE BOLSILLO No. 1
Mil
Joyas de
Sabiduría
6a.
Edición
P. Eliécer Sálesman
MIL
JOYAS DE SABIDURIA

Los sabios consejos que otras personas quizás no nos han podido dar, los encontraremos en el hermoso librito

MIL JOYAS DE SABIDURIA

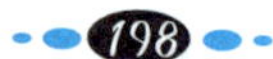

Ser felices donde estamos y como estamos

Lastimosamente muchos de nosotros dejamos para ser felices más tarde o en otra parte distinta de la que estamos, y de una manera indefinida que en realidad nunca va a llegar.

Ilusiones que desilusionan. En vez de tratar de ser felices ahora como somos y donde estamos, nos hacemos la ilusión de que vamos a serlo cuando ya hayamos pagado todas nuestras deudas, o cuando hayamos terminado nuestros estudios, o hayamos conseguido un buen empleo u obtenido un ascenso (existen ascensos que han amargado la vida de personas que antes se sentían contentas y bastante felices). Algunos creen que serán felices cuando ya se hayan casado, o cuando tengan un hijo o varios, o cuando los hijos hayan crecido, etc., y vienen las frustraciones. Se imaginaban que el matrimonio iba a ser sin malgenio del cónyuge, o que los niños recién nacidos no iban a llorar toda la noche, o que al crecer los hijos no se iban a multiplicar los gastos, o que los adolescentes no resultarían bien difíciles de tratar. Y entonces cuando estos inconvenientes llegan se piensa que la felicidad llegará cuando hayan crecido y obtenido un buen puesto. Pero luego se casan y los papás quedan bastante solos... Otros se imaginan que teniendo un auto nuevo vendrá la felicidad, pero llegan los altos impuestos y otras marcas que atraen más y... nuevas desilusiones.

Remedio. Quien se hace la ilusión de que la felicidad está en lo que no ha llegado y no en lo presente, verá que la vida sigue su curso y que según dice el Evangelio: **«cada día trae su propio afán»** y tendrán que convencerse de que ya no hay más remedio que tratar de ser felices hoy, aquí donde estamos, con los que vivimos y como somos, sin esperar que vendrán días sin nubes o épocas sin problemas. Si no somos felices hoy, ¿cuándo vamos a serlo? Nuestra vida estará siempre llena de dificultades, porque ellas aumentan la personalidad y el premio que nos espera para la eternidad feliz. Lo lógico es proponernos ser felices ya desde ahora sin aguardar a que lleguen tiempos sin problemas, porque éstos jamás van a llegar a esta tierra.

Una lección. Decía un sabio: «Durante mucho tiempo tuve la vana ilusión de que un día llegaría una época sin dificultades en la cual podría tener una felicidad total, y perdí miserablemente mi tiempo aguardando a que tal fecha pudiera llegar. Siempre encontraba algún obstáculo para ser feliz. Cada día pensaba que antes de obtener la felicidad debía acabar un asunto que estaba haciendo, o terminar de cumplir con alguna obligación, o cancelar por completo alguna deuda. Y que entonces sí comenzaría una vida feliz. Hasta que al fin me di cuenta de que estos obstáculos eran un condimento que necesariamente acompañaría mi vida hasta el último momento, pero que aun con todos ellos yo tenía que tratar de ser lo más feliz posible hoy, aquí y ahora. Y he descubierto que la felicidad no está más allá de la próxima vuelta del camino, sino aquí en el sendero que estoy recorriendo en estos momentos, y que la verdadera felicidad se compone de mil pequeñitas felicidades que podemos ir encontrando en la vida ordinaria de cada día.

Consejo apostólico. San Pablo recomendaba: **«Estén alegres. Les repito: estén siempre alegres».** Y San Juan Bosco, el santo de la alegría, repetía: «Démosle a Dios la alegría de estar siempre alegres. La alegría viene de Dios, y Él la regala a quienes aceptan con paciencia lo que Él permite que les suceda cada día».

El Secreto de la Felicidad no está en hacer siempre lo que se quiere, sino en querer lo que se hace.

(León Tolstoi)

LECTURAS SABROSAS
P. Eliécer Sálesman
175
NARRACIONES
INTERESANTES

Los dos enemigos se encontraron junto a una quebrada. Pág. 207

El Padre Pío, el que tenía las llagas de Cristo. Pág. 124

100.000 Ejemplares
7a. Edición

LECTURAS SABROSAS
P. Eliécer Sálesman

Existe un libro que permite pasar ratos muy agradables.

Su título es

LECTURAS SABROSAS

64

Recordemos que nos convertimos en aquello que más practicamos

La práctica repetida va formando la personalidad, o sea ese modo constante que cada persona tiene de actuar y de pensar. O, dicho con otras palabras, aquello que más practicamos es aquello en lo cual nos vamos convirtiendo.

Camino equivocado. Si tenemos el hábito o costumbre de ponernos bravos y malgeniados cada vez que la vida no va del todo bien, y de reaccionar ante las críticas poniéndonos a la defensiva e insistiendo en que sí tenemos razón; si permitimos que los pensamientos negativos vayan creciendo como esos ositos de las montañas que sirven al principio de distracción pero que luego se convierten en gigantes que ahogan a quien se les enfrenta; si nos acostumbramos a actuar como si la vida fuera una emergencia o una catástrofe, entonces sí, por desgracia, nosotros nos iremos volviendo tal como son nuestros pensamientos y nuestros modos de actuar. Seremos unos seres amargados, gruñones, tristes, que no se contentan con nada, que todo nos parece malo; eternos malgeniados, hoscos, que más pareceremos osos tristes y furiosos que seres humanos amables y placenteros. Seremos los clásicos ogros de los cuentos antiguos.

Modo ideal. Pero si tratamos de sacar cada día a relucir nuestra capacidad de sentir compasión por los que sufren, y de aceptar con paciencia y calma las dificultades que se van presentando, y nos esmeramos por proceder siempre con bondad, amabilidad, optimismo y alegría; si cultivamos un modo de comportarse lleno de humildad y de paz, de confianza en Dios y aprecio hacia los demás, podemos afirmar sin temor a equivocarnos, que nos iremos convirtiendo, casi sin darnos cuenta, en personas agradables en el trato, bondadosas, calmadas, de aspecto alegre y hasta juvenil, de presencia placentera y acogedora que atrae el cariño y el respeto de los demás. Habremos llegado a convertirnos en aquello que más hemos estado practicando.

Examinarse. Es necesario que examinemos de vez en cuando qué es lo que estamos practicando más, y a qué dedicamos más tiempo. ¿En qué concentramos nuestra atención? ¿En qué empleamos nuestro tiempo? ¿Estamos cultivando hábitos y buenas costumbres que nos lleven a tener una agradable personalidad y a ser más útiles a la sociedad? ¿Las labores a las cuales nos consagramos con mayor dedicación guardan coherencia con lo que deberíamos llegar a ser?

Preguntarse a veces: ¿Dedico buenos tiempos a pensar o a meditar? ¿Cuánto tiempo empleo cada día en buenas lecturas? Cada cuál es lo que lee. Pero si lee demasiado poco o sólo lecturas fofas como el periódico o la revista noticiosa, se va a inflar con lo que no alimenta, pero se quedará sin fortalecer su espíritu. Qué lástima da el ver que algunos gastan horas y horas en lavar su auto, y quizá ni unos pocos minutos en leer algo que les ayude a volverse mejores. ¡Cuántas horas viendo TV, que no deja pensar ni forma la voluntad, y qué poquitos minutos dedicados a hacer una lectura que alimente el espíritu! Existen personas que llenan su casa de cachivaches inútiles, y ni siquiera tienen Biblia personal, y si la tienen está llena de polvo porque no la leen. Cuántos y cuántas gastan bastante dinero en boberías que de nada sirven ni para esta vida ni para la otra, y no compran ni siquiera un libro formativo cada año. Se convertirán en aquello que practican. O sea, serán muy poca cosa en verdad. ¡Qué lástima!

Si recordamos que nos convertiremos en aquello que practicamos, sentiremos deseos de leer algo más cada día, de ser más amables, mejores cumplidores de los propios deberes, más meditadores y dedicados a pensar calmadamente. Y no se cumplirá en nosotros lo que anunció el profeta: **«El gran mal de mi pueblo consiste en que no dedica tiempo a pensar y meditar».**

La mejor manera de multiplicar la felicidad es compartirla

P. Rafael de Andrés, S.J.

El Evangelio meditado día por día

La lectura más provechosa para cada día del año es una página del Evangelio

65

Relajemos nuestra mente

El sabio Pascal decía: «Muchísimos de los males que les suceden a las personas provienen de que no dedican tiempo a pensar y a meditar». La experiencia ha demostrado que la costumbre de dedicar tiempo a pensar y meditar puede llevar a tener paz interior, y ésta se traducirá también en paz exterior.

La meditación. Todos los maestros de espíritu aconsejan dedicar varios minutos cada día a meditar, o sea a pensar despacio, a reflexionar atentamente acerca de algo. La práctica de dedicar varios minutos al día a meditar, a pensar despacio, llena la mente de paz y de armonía y obtiene luces e iluminaciones jamás imaginadas.

Resultados. El meditar un poco cada día, lleva a reducir la tendencia a reaccionar violenta y agresivamente ante las contrariedades y a considerar los problemas cotidianos como pequeñas dificultades y no como grandes tragedias. La meditación nos lleva a mantenernos en calma y a estar en paz. En resumidas cuentas, a no disgustarnos por pequeñeces, a no ahogarnos en un vaso de agua.

¿Cómo hacerlo? Existen muchos modos de meditar. Ante todo la meditación exige tener la mente bastante vacía de otros temas y preocupaciones. Si nuestra cabeza es un avispero nos resultará difícil concentrarnos en algún tema fijo para meditar. Lo mejor es estar solo y en un ambiente silencioso (aunque también podremos estar solos en medio de mucha gente, y silenciosos entre un gran ruido, si acostumbramos la mente a abstraerse). Algunos autores recomiendan cerrar los ojos y llevar la mente a pensar en cómo respiramos, cómo aspiramos y exhalamos el aire. Poco a poco la mente se va aquietando y concentrando en aquello en lo cual queremos meditar. Esto se irá volviendo más fácil a medida que lo vayamos practicando. Nadie nació aprendido. Los principios son difíciles pero la repetición irá haciendo fáciles las cosas.

Dificultades. Meditar no es demasiado fácil. Eso lo descubren quienes empiezan a tratar de hacerlo. Ningún arte es fácil al principio. Advertiremos que la mente se nos llena de otros pensamientos cuando queremos concentrarla en aquello en que deseamos meditar. Quizás apenas lograremos tenerla concentrada por unos pocos minutos. Es necesario tener paciencia con uno mismo y tratarse con bondad, porque al principiante siempre le queda muy difícil practicar. Hay que ser constante y no desanimarse.

Los frutos. Convenzámonos de que unos pocos minutos dedicados cada día a meditar y a pensar despacio, nos van a rendir y producir tremendos beneficios con el correr del tiempo. La mente humana es la más maravillosa máquina de producir pensamientos y buenas ideas.

Allí están trece mil millones de neuronas o células cerebrales aguardando que les pongamos oficio y las dediquemos a producir buenos pensamientos e ideas nuevas. En esto es que hemos sido creados a imagen y semejanza de Dios, en nuestra capacidad de pensar y razonar.

Experiencia. En tantos años de trabajar ayudando a que las personas tengan una vida nerviosa más tranquila he conocido poquísimos individuos que hayan logrado vivir en paz consigo mismos y con los demás, sin dedicar cada día unos minutos a meditar y pensar despacio en temas serios y provechosos. La inmensa mayoría está de acuerdo en afirmar que desde que empezaron a practicar la meditación, comenzó a renacer la paz en su mente y en su corazón. ¿Si otros lo han conseguido, por qué no ensayar también a tratar de meditar un poco cada día? Los frutos serán admirables y muy duraderos. Puede ser que al principio solamente logremos hacerlo leyendo unos renglones de un libro formativo y pensando un poco acerca de eso... Después iremos siendo capaces de meditar por nuestra cuenta. No dejemos de hacer el ensayo. No nos vamos a arrepentir de haberlo hecho.

Hemos sido llamados al concierto de este mundo para hacer sonar de la mejor manera nuestro propio instrumento.
(Tagore)

La BIBLIA:

Quien la lee se vuelve sabio.

Quien la cree se vuelve salvo.

Quien la práctica se vuelve santo.

66

Hagamos un acto de voluntariado o de servicio humilde cada día

Cuando Jesús en la Última Cena lavó los pies a sus discípulos, después de hacer este servicio tan humilde les dijo: «¿Han visto lo que yo acabo de hacer? **Hagan también Uds. otro tanto.** Si yo que soy su Maestro les he lavado los pies, también Uds. deben hacer el oficio humilde de lavarse los pies unos a otros» (S. Juan 13), y añadió una promesa formidable: «SERÁN FELICES SI HACEN ESTO» (Jn. 13,17). O sea que Cristo promete dicha y felicidad a quien preste servicios humildes a los demás.

Los scouts tienen un mandato muy especial: «El scout **hace cada día una buena obra en favor de los demás».** Esto es lo que se puede llamar «voluntariado». No dejar pasar un solo día sin hacer algo en bien de otros.

Un voluntariado impresionante. Cuando el buen samaritano del Evangelio se encontró por el camino al herido que había sido atracado por los ladrones, no se puso a averiguar si era de su familia, de su país, o de su religión (que no lo era), ni si aquel hombre le iría a pagar después sus servicios (que seguramente no le iba a poder pagar), sino que espontáneamente le dio a beber el vino que él llevaba para su propia sed, le echó su aceite de oliva en sus heridas para suavizar el dolor, y le cedió su propio caballo, yéndose él a pie aquellos 18 kilómetros de subida, y al llegar al primer hotelito del camino lo atendió como si fuera su propio padre y pagó por él todos los gastos. Con razón, hoy después de veinte siglos lo recordamos con cariño y admiración.

Espontaneidad. Lo más bello de los actos de bondad y generosidad es que surgen de manera espontánea, como si en la mente de la persona generosa hubiera una capacidad e inclinación natural a hacer el bien sin tacañería ni amargura alguna.

Buena interrogación. Los maestros de vida espiritual aconsejan que cada mañana nos hagamos esta pregunta: **¿Cómo puedo prestar hoy algún servicio?** Esto hace que nuestra mente vaya buscando las innumerables maneras que tenemos para ayudar a otros. Cuando nos tomamos un tiempo para hacernos esta pregunta nos encontramos con que las respuestas van apareciendo durante el día.

Meta nobilísima. Si nos proponemos como una de nuestras metas el ayudar a otros, encontraremos mil maneras para hacerlo. Las oportunidades que tenemos para prestar un servicio humilde a alguien son infinitas. Desde cederle el puesto a una persona anciana en el bus, o ayudarle a alguien a encontrar una dirección, ayudar a un niño a hacer una tarea, recoger una corteza de fruta del suelo para que otro no resbale allí, escuchar a un anciano que repite sus narraciones, poner atención a una conversación aunque no nos interesa mucho, ayudar a lavar los platos, ir a hacer un mandado, ayudar a desvarar un carro, colaborar en el servicio de la mesa del comedor, etc., etc.

Buena recompensa. Jesús decía: **«Es mejor y produce más alegría el dar que el recibir»** (Hech. 20,35), y añadió una maravillosa promesa: **«Quien da a otro, aunque sea un vaso de agua, no se quedará sin recibir su recompensa».** Así que al prestar servicios a los demás estamos haciendo un verdadero gran negocio que nos producirá buenísimas ganancias. Y probablemente no sólo para esta tierra sino para la eternidad feliz.

En secreto. Cristo aconsejaba: **«Que tu mano derecha no sepa lo que hace la izquierda, y tu Padre Dios, que ve en lo secreto, te lo recompensará»** (Mt. 6,3). La mejor manera de ayudar a otro es hacerlo de modo silencioso, inadvertido, sin esperar agradecimiento ni recompensa humana de ninguna clase, hasta irnos convirtiendo en personas altruistas que llenan cada día de su existencia con una cadena de pequeños servicios a los demás.

Hay un dicho evangélico que se cumple siempre: **«Con la medida con que cada uno da a los demás, con esa misma medida recibirá»** (Luc. 6,38). Es lo que dice San Pablo: «Quien más cultiva, más cosechará, y mucho mejor si lo hace con alegría, porque Dios ama a los que saben dar con alegría» (2 Cor. 9). Si aprendemos a hacer un acto de voluntariado, un acto de servicio humilde cada día, llegaremos a sentir una paz y una alegría que jamás habíamos creído posibles, y todos saldremos ganando, pero los más gananciosos seremos los que hayamos hecho ese sencillo acto de caridad.

No neguemos un favor al que lo necesita si podemos hacerlo.

(S. Biblia, Proverbios)

En el Día del Juicio, el Hijo de Dios dirá a los generosos: "Todo favor que hicieron a los demás, aunque haya sido a los más humildes, Yo lo recompenso como si me lo hubieran hecho a Mí personalmente.

(San Mateo 25,40)

67

Hacer favores y no pedir ni esperar recompensa

El rey Salomón en los *Proverbios* dejó una frase que merecería estar escrita en letras muy grandes en miles de sitios bien visibles para el público. Dice así: **«No niegues un favor a quien lo necesita, si puedes hacerlo»** (Pr. 3,27). Si todos cumpliéramos tan bello consejo este mundo se volvería un paraíso de felicidad.

Una condición muy especial. Es admirable lo bien que uno se siente cuando hizo algo bueno por los demás sin esperar nada a cambio. Y es que ésta es una condición esencial para ser más felices, no dejarnos llevar de nuestra tendencia consciente o inconsciente, que siempre nos lleva a esperar algo de los otros cuando hemos hecho algo por ellos. «Ya hice los mandados... ya ayudé a lavar el carro... ya traje el mercado... ya les di lo que me pedían... ahora...». Es como si lleváramos la cuenta de lo bueno que hemos hecho en favor de otros para cobrarles la factura a las creaturas en lugar de dejar que la pague Nuestro Señor, que ha prometido dar cien veces más en esta tierra y después dar la vida eterna.

Buen premio. Cuando hacemos alguna obra buena en favor de los otros, sin esperar premio de ellos, sino solamente por agradar a Dios, y por hacer el bien, advertiremos una hermosa sensación de serenidad y de paz. Así como el ejercicio físico hace que al cerebro le llegue más sangre y se sienta más fresco y productivo, así el ejercitarse en hacer obras buenas con afectuosa bondad irá haciendo que nuestra personalidad se vaya volviendo cada vez más llena de sana vitalidad. No necesitamos ni siquiera un «gracias». Ni tenemos la necesidad de hacerle saber a la otra persona lo que hemos hecho en su favor.

Un peligro. Lo que nos puede amargar la vida y hacer que nuestros favores no nos produzcan la debida alegría es el vivir esperando agradecimiento, recompensas y reciprocidad de los demás. El deseo de que nuestros favores sean recompensados interfiere la sensación de felicidad que ellos nos podrían haber conseguido. Frecuentemente debemos examinarnos para ver si estamos esperando algo a cambio del bien que hacemos y alejar ese inconveniente deseo. Entonces sí gozaremos de la verdadera paz que produce el dar sin esperar nada a cambio de parte de las creaturas. Recordemos lo que decía San Pablo: **«Si lo que busco es agradar a la gente, ya no seré verdadero seguidor de Cristo».** Y añadamos el propósito que hacía el mismo apóstol: «Yo no busco los premios que me pueden dar los demás, sino el conseguirles la verdadera felicidad».

Buenos ejemplos. El gran músico Tchaikosky era muy pobre, y una caritativa señora le fue enviando frecuentemente las ayudas económicas que necesitaba, sin hacerle saber nunca quién se las enviaba.

A una señora que nos trajo una gran ayuda para las familias pobres le preguntamos en nombre de quién les daríamos esas limosnas y ella respondió: «No hace falta que sepan mi nombre. Dios lo sabe y Él será el que me dará la recompensa».

Cuando nos hayamos acostumbrado a hacer algo bondadoso, sin esperar nada de las personas a las cuales hemos ayudado, descubriremos que este modo generoso de obrar trae una gran alegría y una admirable paz espiritual.

Y no olvidemos lo que dijo el apóstol Santiago: **«La caridad cubre y borra multitud de pecados».** ¿Y qué mejor acto de caridad que ayudar generosamente sin esperar recompensas y ni siquiera gratitud de las personas a las cuales ayudamos? De todos modos al buen Dios nunca jamás se le olvidará recompensarnos todo lo bueno que hacemos y pagará a cada uno según hayan sido nuestras buenas obras.

ES MEJOR Y PRODUCE MÁS ALEGRÍA EL DAR QUE EL RECIBIR.

(Jesucristo)

A quien desee adquirir una gran generosidad para ayudar a los necesitados, le recomendamos leer el precioso librito titulado

LOS NUEVE DOMINGOS AL NIÑO JESÚS

Allí encontrará ejemplos y enseñanzas formidables.

68

Pensemos en nuestros problemas como en nuevas posibilidades que se nos presentan

En China tienen un refrán que dice: «Cada crisis, cada problema, es una nueva posibilidad de buscar y encontrar soluciones».

Causa frecuente. Si estudiamos a las gentes de cualquier clase o condición podemos sacar la conclusión de que una de las principales causas del nerviosismo, del malgenio, de las angustias y del estrés en la vida, son los problemas. Y entendemos por problema aquello para lo cual no encontramos fácil solución.

Otra causa. Pero si se estudia con mayor profundidad la vida de las personas, venimos a sacar esta conclusión: que lo que produce la angustia, el nerviosismo, el malgenio y el estrés, no son tanto los problemas en sí mismos, sino la manera como nos enfrentamos a ellos. Porque aunque debiéramos considerarlos como algo normal y que tarde o temprano tendrán solución, y enfrentarlos con calma y tranquilidad, muchas veces los consideramos como un asunto de enorme gravedad, una verdadera tragedia o algo irremediable... y nos llenamos entonces de ira, amargura y hasta de desesperación.

Un buen modo de verlos. Existe un buenísimo modo de ver los problemas, y consiste en considerarlos como una oportunidad para aprender, para hacer trabajar nuestra mente y la propia capacidad de luchar. Y entonces cada problema puede convertirse en una ganancia para nuestra personalidad.

Las dos moscas. Dicen que dos moscas cayeron en una taza de leche. La una se desanimó y se ahogó. La otra nadó y movió sin cesar sus patas hasta que logró formar nata y se sentó sobre ella y más tarde pudo emprender de nuevo el vuelo. No se había dejado desanimar por el problema que se le presentó. Estas dos actitudes se presentan siempre y en todas partes. Hay quienes se desaniman y se declaran vencidos y derrotados. Otros en cambio luchan y luchan hasta que logran sobrenadar y empezar otra vez su ascenso hacia los triunfos.

Mal de siempre. El pueblo dice: «Mal de todos, consuelo de bobos». Pues bien, aunque no seamos tan bobos, debemos consolarnos con saber que la persona sin problemas no existe sobre esta tierra. Y lo más grave no es sólo que los problemas existan, sino que frecuentemente no es nada fácil solucionarlos, y muchas veces su solución no es cosa de poco tiempo. Cualquiera de nosotros tiene problemas que por más que lucha y lucha no se van ni se disminuyen. Para unos será su alcoholismo, para otros su mal genio o su impureza, etc., etc. Alguien lucha contra su situación económica deficiente y otro tiene fuertes problemas de salud. Para unos el problema es la peleadera y la causa para otros será la animadversión y envidia que los demás le tienen. Y ¿qué pasa? Que por más que queremos, los tales problemas no se van, ni siquiera se disminuyen. Aquí sí que habría que repetir la frase de los campesinos: **«Si a su enemigo no logra hacerlo desaparecer, trate de hacerlo compadre».** Es necesario aprender a convivir con ese problema que no se logra alejar. ¿Y cómo?

El remedio. Pensemos y pidamos a Dios que nos ilumine cuáles son las ventajas que podemos sacar de nuestros problemas, qué nos enseñan ellos y qué consecuencias provechosas podremos ir sacando de cada problema. El buen Dios seguramente no habría permitido que llegaran si no supiera que de cada uno podemos sacar ganancias espirituales para esta vida y para la otra. Ahora lo importante es aprender a sacar esas ganancias. El Espíritu Santo nos ilumine cómo hacer de cada agrio limón de éstos, una buena limonada.

Hay que imitar al multimillonario Kaiser que cuando veía un letrero que decía: «No puede hacerse, no puede resolverse», quitaba el NO y dejaba el «puede hacerse y puede resolverse». Y es que, como dijo San Pablo: **«Si Dios está con nosotros, ¿quién podrá contra nosotros?»** (Rom. 8, 31).

69

Aprender a vivir con la incertidumbre e inseguridad acerca del mañana y del futuro

Puede ser que sí y puede ser que no

Los hindúes cuentan la historia del campesino al cual se le murió el burrito con el cual llevaba el mercado al pueblo y fue a consultar a un anciano venerable y preguntarle: «¿Esto será para mí lo peor que me pudiera suceder?». El viejo sabio le respondió: «Puede ser que sí, y puede ser que no». El hombre no quedó contento con esa respuesta pero en esos días apareció en el campo un caballo sin dueño y reemplazó muy bien al burro que se había muerto. El campesino corrió a consultar al anciano: «¿Esto será lo mejor que me pueda ocurrir?». Y la respuesta fue: «Puede ser que sí, puede ser que no». Algo decepcionado volvió al campo, y al día siguiente su hijo se montó en aquel caballo, el cual se dedicó a corcoviar y lo derribó por el suelo, partiéndole una pierna. El consultante volvió a preguntar al viejo: «¿Esto será lo peor que me pueda suceder?». Y obtuvo la misma respuesta: «Puede ser que sí, puede ser que no». Y sucedió que en esa semana llegaron los del ejército a llevarse para la guerra a todos los jóvenes del pueblo, pero al hijo del campesino no se lo llevaron porque tenía un pie enyesado.

La moraleja de este cuento es que suceda lo que suceda en el futuro, Dios Nuestro Señor puede sacar el bien y el provecho para nosotros aun de las circunstancias más desagradables que nos puedan llegar, pues Él hará que se cumpla siempre lo que dice la Sagrada Escritura: **«Todo sucede para bien de los que aman a Dios»** (Rom. 8). Y ni siquiera un cabello de la cabeza se caerá sin que Dios dé el permiso para ello (Luc. 21,18).

El espanto de medianoche. Muy conocido es entre nosotros el ejemplo de aquel campesino que fue enviado una noche al pueblo a llevar el ataúd para uno que había muerto, y al pasar por un tupido bosque vio que el muerto se le aparecía y le mandaba detenerse. Quiso volverse pero vio que la sombra del muerto se le aparecía también y le prohibía moverse de allí. Quieto, muy quieto, casi paralizado del miedo se quedó allí inmóvil, y cuando amaneció y se fue la oscuridad, vio que lo que le prohibía moverse y que él imaginaba ser la sombra del muerto eran unas hojas gigantes de unas plantas de la orilla del camino que se movían al soplo del viento. Cuántas veces nos sucede algo parecido al pensar en el futuro. Hacemos una montaña de algo que en realidad no es sino un problemita normal. Nos sucede como cuando vemos desde lejos una selva. Nos parece algo impenetrable e imposible de atravesar, pero cuando llegamos allá nos damos cuenta de que es un monte ordinario con caminos para atravesarlo y salir de él. Por eso cuando nos asustamos por el futuro, a menudo nos equivocamos. Pero si confiamos en Dios y tratamos de conservar la calma, veremos que lo que nos parecía imposible de superar, resultó algo para lo cual sí se encontraron soluciones. En el futuro está Dios, y para Él no existen problemas, pues un problema es aquello para lo cual no se encuentra solución, y para el Creador todo tiene solución, y de una manera más fácil de lo que nosotros podemos imaginar.

Cuando nos vengan temores por el futuro recordemos como dichas para cada uno de nosotros las palabras que el profeta Moisés le dijo a su joven ayudante Josué cuando le encomendó la dificilísima tarea de conquistar la Tierra Prometida: **«No tengas temor, pues el Señor tu Dios irá siempre contigo»** (Jos. 1,9). Cuando lleguemos al futuro, por más peligroso y temible que sea, Dios habrá llegado primero allá, y nos estará esperando para ayudarnos a salir vencedores de las dificultades y podremos repetir con el profeta: «Soy viejo y jamás he encontrado a alguno que haya confiado en el Señor y haya sido abandonado por Él».

Decia Jesús:
"¿Por qué tanto temor, gente de poca fe?
(Mt. 8,26)

Recordemos que la vida no es una emergencia

Pensemos en alguien a quien debemos darle las gracias

Aceptarse cada uno como es

Equivocación. En la película *Zorba el Griego*, el error del actor principal era que se describía así mismo como un «completo desastre». Éste es el error de muchos de nosotros. Nos creemos un «completo desastre», y olvidando tantos aspectos positivos nos dedicamos a pensar en lo negativo y defectuoso que tenemos. Nos declaramos «inaceptables», cuando lo que somos es simplemente unos seres imperfectos.

Un libro formidable. El ameno y provechoso escritor Og Mandino escribió un libro verdaderamente maravilloso y cuya lectura llena de optimismo. Se titula *El tesoro más grande del mundo*. Está escrito especialmente para quienes se creen poca cosa y tienden a despreciarse a sí mismos. Allí describe de manera magistral los casi increíbles valores que cada uno de nosotros poseemos en el cerebro, en cada uno de los sentidos, en la personalidad, etc. Cuando uno lee este hermoso libro se convence de que creerse «poca cosa» es una ignorancia y una ingratitud para con el Creador que ha hecho de cada uno de nosotros una verdadera maravilla de la creación. Al constatar estas riquezas que tenemos nos damos cuenta de que por ello no podemos atribuirnos ningún mérito ni sentir orgullo, pues todo es un regalo gratuito del Creador, pero que el pensar que no valemos nada es una solemne mentira, digna de ser rectificada siempre de ahora en adelante.

Analizar lo que somos. Dicen que la humildad es la verdad. Lo primero que tenemos que hacer es reconocer lo que somos, sin añadir ni negar nada. Es verdad que frecuentemente nos sentimos inseguros y temerosos del futuro. Tenemos que reconocer: es verdad, siento miedo por lo que pueda suceder. Pero este nerviosismo hasta cierto grado me puede ser útil. Sin embargo no puedo considerarme totalmente cobarde, porque muchas veces he sido capaz de decidirme y de enfrentarme a los problemas de la vida... Es verdad que me asalta el mal genio y la impaciencia que me llevan a tener mis rabietas y estallidos (cosa que debo ir tratando de evitar), pero también es cierto que muchas veces he sido capaz de «tragar amargo y escupir dulce», como dicen los aldeanos. No me puedo considerar un monstruo, porque Dios me creó y Dios no fabrica chatarra. Estoy lejísimos de ser un ser perfecto, pero seguramente valgo mucho más de lo que en mis momentos de pesimismo creo que valgo.

Cambiar de recuerdo. Cuenta San Agustín que cuando él estaba recién convertido al catolicismo empleaba mucho tiempo recordando sus antiguas burradas y todas las barbaridades que hizo hasta sus treinta años, con lo cual se desanimaba mucho, pero que un día se dio cuenta de que en vez de andar revolcando esa «alcantarilla infecciosa» de los recuerdos de las maldades pasadas, le era inmensamente más provechoso dedicarse a recordar lo que Dios había hecho por él, y los hechos portentosos de la *Biblia* en los cuales el Creador ha intervenido de maneras impresionantes en favor de los que confían en Él. Y dice que ese cambio de recuerdos tristes por recuerdos animadores le trajo un gran provecho a su personalidad y su felicidad. Hagamos algo semejante. Cuando empiece a sonar en nuestra mente el «disco rayado» de nuestros recuerdos pesimistas y apachurradores, cambiémoslo por el diskette entusiasmador de los recuerdos de lo inmensamente grande que Nuestro Señor ha hecho y es capaz de hacer en nuestro favor si confiamos en su poder y en su bondad.

Las ventajas de aceptarse. Cuando empezamos a aceptarnos, a pesar de ser imperfectos (como lo somos todos) sucede algo maravilloso. Ahora ya no ponemos todo el acento en lo negativo que tenemos, sino que acentuamos también lo mucho positivo que hay en nuestro ser y en nuestro actuar. En lugar de despreciarnos por ser limitados y defectuosos, empezaremos a apreciarnos como seres humanos que somos, hechos a imagen y semejanza de Dios, y por lo tanto dotados de admirables cualidades. Y en vez de calificarnos como un «completo desastre», tomaremos con calma y optimismo nuestro modo de ser y nos consolaremos pensando que **todo el resto de los seres humanos son como nosotros:** una colección de defectos, cada uno, pero al mismo tiempo una impresionante colección de cualidades y de posibilidades de triunfo y de santidad, y esto sucede en mí, en Ud. y en todos los demás.

71

Concederse un respiro

Cada una de las estrategias o técnicas para triunfar que se encuentran en este libro, está destinada a ayudarnos a convertirnos en personas más serenas, plácidas, afectuosas y que no se disgustan por pequeñeces ni se ahogan en un vaso de agua.

La meta que tratamos de conseguir es mantenernos relajados, tranquilos, en paz con los nervios, no angustiarnos ni preocuparnos demasiado por lo que esperamos conseguir, ni siquiera por lo que pretendemos obtener con estas lecturas.

Cuidado con el perfeccionismo. Ya hemos visto que los perfeccionistas son enemigos de su propia felicidad. Hay que evitar preocuparse exageradamente por no ser perfectos. Tenemos que concedernos un respiro o plazo de descanso a nosotros mismos. Van a venir muchos momentos en los que la solución de las situaciones se nos va a ir de las manos y vamos a volver a caer en nuestras antiguas mañas o malas costumbres de afanarnos por todo, de encolerizarnos por cualquier cosa, de pretender que las cosas se arreglen rapidísimamente y de manera perfecta, etc., y vamos a caer en la antigua costumbre de estar estresados, tensos, frustrados, malgeniados. Hay que acostumbrarse a que esa es nuestra condición humana y que de ella no nos vamos a librar tan fácilmente. Aceptemos que somos débiles, pero no nos resignemos a seguirlo siendo demasiado. Cuando nos suceda volver a una de estas situaciones negativas digamos: «Esto no es nada grave. Es mi condición de miserable creatura humana. Pero tengo que hacer algo por superarme. La vida es un proceso. Un caer y levantarse. Un avanzar y retroceder. Pero lo importante es no dejar de tratar de avanzar algo cada día».

Un libro transformador. En esta misma colección existe un librito pequeño pero altamente transformador, que ha llenado de paz y de esperanza a millones de personas en todos los continentes del mundo. Su título es *El arte de aprovechar nuestras faltas.* Quien lo lee siente pasar por sus venas una corriente de esperanza y de optimismo. Está basado todo en las enseñanzas del santo más optimista que ha existido, San Francisco de Sales. Miles de lectores bendicen a Dios por haber empezado a leer esas bellas páginas. Allí se insiste en que a veces queremos ser ángeles del cielo, olvidándonos que todavía tenemos los pies muy clavados entre el barro del suelo. Ojalá lo leyéramos. No nos arrepentiremos de haberlo conseguido, de haberlo leído y de haberlo recomendado a otras personas.

Un error que hay que evitar. Una de las equivocaciones más frecuentes en las personas que se proponen obtener una agradable personalidad es sentirse frustradas por sus frecuentes recaídas. Para evitar este error conviene ver en cada actuación equivocada que hemos tenido, una manera de aprender algo y de aumentar nuestra humildad y la amable comprensión hacia los que también son débiles como nosotros. Tenemos que decirnos a nosotros mismos: «Vaya: otra vez me extravié del buen camino y me fui por las trochas equivocadas. La próxima vez tengo que obrar de manera diferente. Perder una batalla no es perder la guerra. Yo también puedo repetir la frase de Churchill en la Segunda Guerra Mundial: 'De derrota en derrota se ha logrado llegar a la victoria final'. Ánimo, soy débil, pero el poder y la bondad de Dios me van a ayudar. Nuestro Señor no habría puesto en mi corazón ese deseo tan grande que tengo de ser mejor, si Él no hubiera estado dispuesto a ayudarme. Ánimo y adelante».

Un título muy especial. A un libro le pusieron por título *Yo estoy bien. Tú estás bien. Y esto está muy bien*. Pero un autor escogió este otro título bien singular: *Yo no estoy muy bien. Tú no estás muy bien. Pero todo anda bastante bien*. Este último título puede ser como un resumen de nuestra vida diaria. Nadie acierta el cien por cien, ni siquiera el setenta por ciento. Pero es que lo importante no es eso, pues somos creaturas imperfectas y débiles. Lo importante es no dejar de luchar por ser mejores y por tener una conducta mejor a la que hemos tenido hasta ahora y avanzando hacia la dirección correcta. A quien hace lo que puede, Dios le concederá también lo que no ha podido conseguir por sus propias fuerzas. **Dios y nosotros... ¡mayoría aplastante!**

Dejemos de culpar a los demás

Un mandato bíblico. En la carta más importante que escribió San Pablo, la de los romanos, hace estas advertencias: «¿Tú por qué juzgas a tu hermano? ¿Tú por qué desprecias a tu hermano? ¿Es que no sabes que todos tendremos que presentarnos ante el tribunal de Dios a darle cuenta de lo que hemos hecho?» (14,10). «No tienes excusa, quienquiera que seas, tú que juzgas a los demás, porque juzgando a otros te estás condenando a ti mismo pues obras de manera semejante a las obras que condenas» (2,1). Esto es como un eco del mandato de Jesús que dijo: «**No juzguen y no condenen, y así no serán juzgados ni condenados**» (Mt. 7,1).

Una mala inclinación. Cuando algo sucede de manera indebida inmediatamente nos sentimos inclinados a echar de ello la culpa a alguien. ¿Se varó el auto? Seguramente es que el mecánico lo dejó mal arreglado... ¿Se nos extravió algo? Probablemente alguien se lo llevó... ¿El dinero no alcanza? Debe ser que alguno en casa está gastando demasiado... ¿Hay desorden en casa? Es que la única persona que aquí se preocupa por el aseo y el orden soy yo, los demás son unos descuidados... ¿Se retrasó un proyecto? Es por la pereza y el descuido de los colaboradores... etc.

Consecuencias. Por vivir juzgando y condenando con el pensamiento vivimos luego criticando y murmurando con nuestra lengua, pues las palabras antes de llegar a los labios tienen que pasar por el cerebro para que éste determine si las decimos o las callamos. Cuando condenamos con palabras, ello es señal de que antes hemos condenado con el pensamiento. Que hemos establecido un tribunal en nuestro cerebro para juzgar y condenar sin compasión a los demás. Y esto nos puede llevar a ser duros en las palabras y fríos en el trato, a la vez que nos trae desgaste de nervios y un comportamiento muchas veces injusto hacia los otros.

El monje moribundo. Se cuenta de un monje que no era de los más santos del convento pero que moría con una paz envidiable. El superior le preguntó cuál era la causa de la gran tranquilidad con que moría, y el enfermo respondió: «Es que yo me propuse cumplir aquel mandato de Jesús: **«No juzguéis y no condenéis para no ser juzgados ni condenados»** (Mt. 7,1). «Dígame, Padre, ¿sí cumplirá Jesús lo que ha prometido?». «Claro que sí, ¡hasta la última letra!», respondió el superior. «Pues entonces como yo no juzgué ni condené a nadie, el Señor cumplirá su promesa conmigo y no me juzgará y no me condenará». Y al decir estas palabras murió tranquilamente. Me deseo y deseo a todos mis lectores esto que le sucedió al monje: dedicarnos a no juzgar y a no condenar y tener a la hora del juicio definitivo la total seguridad de no ser condenados por Dios, porque nosotros tampoco condenábamos a los demás.

Malos efectos. El dedicarse a culpar a los otros de lo que sucede, requiere una enorme cantidad de desgaste mental y nervioso. Es una actitud destructiva que produce estrés, malestar y envejecimiento antes de tiempo. Cuando dejemos de culpar a los demás, recuperaremos gran cantidad de paz para nuestra propia alma. Esto no significa que no hagamos a los otros responsables de sus actos. Lo son y tendrán que responder por ellos ante Dios y quizás ante la sociedad. Pero si de una persona no me va a juzgar Dios a mí, y si de alguien no voy a tener que dar cuentas, ¿por qué vivir dedicándome a juzgarle y condenarle? ¿Es que no me es suficiente la gran cuenta que tendré que dar de mis actuaciones, y ahora me añado también la cuenta de las de los demás?

La vida resulta muchísimo más tranquila y fácil de manejar cuando dejamos de echarle la culpa a los otros de lo malo que sucede. Hagamos el ensayo y veremos que seremos menos injustos y más felices.

Si acerca de la culpabilidad de una persona en un asunto no puedo jurar que sí la tiene, me abstendré de culparle y de condenarle. Dejo en manos de Dios este asunto y Él con su bondad y su sabiduría procederá de la manera que más convenga a ellos y a mi propia tranquilidad. «Señor, ¿qué haré para no meterme en lo que no me importa?».

No tiene excusa quien se dedica a juzgar
y condenar a los demás.
Juzgando a los demás
se esta condenando a si mismo.

(San Pablo Rom. 2)

73

Intentemos ser serviciales aunque sea en pequeñas cosas

La madre Teresa de Calcuta decía: «Es verdad que no podemos hacer grandes cosas en la tierra. Pero hagamos pequeñas cosas con gran amor».

San Francisco de Sales decía que la equivocación de muchas personas es imaginar: «Cuando yo tenga muy buenas posibilidades económicas haré grandes obras en favor de los demás». Y así nos quedamos sin realizar las pequeñas cosas que podemos hacer cada día y para las cuales no se necesitan ni brillantes cualidades ni grandes cantidades de dinero.

El «después será». En Asiria hubo un rey en la antigüedad al cual la gente le puso el sobrenombre de **«venga después»**, porque esa era la respuesta que él daba a cuantos le pedían algún favor. Y ese «después» no llegaba nunca, porque se convertía en un «jamás». Con razón el rey Salomón al redactar este maravilloso consejo: «No niegues un favor a quien lo necesita si puedes hacerlo», añadió una nota muy importante: **«A quien te pide o**

necesita tu ayuda no le digas: venga después, si en este mismo día y momento puedes ayudarle».

Lista interminable. A nuestro alrededor existen ancianos que necesitan una agradable compañía y conversación, enfermos que se pueden sentir consolados por nuestra visita, hambrientos que pueden recibir algunos alimentos de parte nuestra, pobres a los cuales podríamos dar ropas buenas que ya no usamos, vecinos a quienes podemos prestar algo o hacerles algún favor, jóvenes y mayores que se volverían mejores si les prestáramos un libro agradable e instructivo. Hay centenares de pequeños servicios que nos resulta posible hacer desde el día de hoy sin esperar a un remoto futuro para dedicarnos a efectuar obras grandiosas.

Echar cabeza. La madre Teresa repetía que nosotros no podemos cambiar el mundo, pero que sí podemos volverlo más amable y agradable con los pequeños servicios que prestamos a los demás. Nuestro rostro sonriente y bondadoso. Las palabras cariñosas con las cuales tratamos a los que vienen a preguntarnos o a contarnos algo. Es necesario preguntarse de vez en cuando: ¿qué podré hacer hoy para volver más amable la vida de otras personas?

No pretender demasiado. Si nos ponemos a pensar que nuestras pequeñas acciones caritativas no van a transformar el mundo nos sentiremos frustrados y desanimados. Y emplearemos esa desilusión como excusa para no hacer nada cada día en favor de quienes lo necesitan. Pero si pensamos que Jesús prometió que **«Ni siquiera**

un vaso de agua que se da a un pobre, quedará sin recibir recompensa» (Marc. 9,41) y que en la hora final dirá a los generosos: «Bien, amigo, porque fuiste fiel en lo poco te constituiré sobre lo mucho» (Luc. 19,17), entonces sí que nos animaremos a llenar nuestras jornadas de pequeños detalles de caridad y de servicio hacia quienes tratan con nosotros. Es un atesorar sin cesar, día por día, para la hora en que recibiremos el premio eterno.

El que prometía lo que no podía. Un campesino decía: «Si yo tuviera dos casas daría una para los pobres. Si yo tuviera dos automóviles, daría uno para los pobres. Si yo tuviera dos vacas daría una para los pobres». Y un vecino le preguntó: «¿Y si tuviera dos gallinas, daría también una para los pobres?». «No, eso sí no». «¿Y por qué no?». «Porque las dos gallinas sí las tengo»... Es que resulta muy fácil hacer planes de lo que haríamos con lo que no tenemos (y que quizás nunca vamos a tener, o cuando lo tengamos ya el corazón se nos volverá duro y frío y no dará nada). Pero lo importante es pensar: «¿Qué voy a dar del tiempo, de los bienes, de las cualidades y posibilidades que ahora tengo?» Porque eso sí es lo que Dios quiere que compartamos con los que necesitan nuestra ayuda, y no bienes quiméricos o imaginarios que sólo existen en nuestra calenturienta imaginación, pero que en realidad no sirven ni para los demás ni para nosotros. Obras son amores, y no... planes inútiles que no vamos a poder realizar.

Leamos la impresionante autobiografía de la simpática mujer que se hizo santa llenando cada uno de sus días con pequeños actos de cariño hacia los demás. Nos agradará mucho esa lectura.

74

A pesar de todo... estar siempre alegres

Dice la Sagrada Escritura: «La alegría del corazón proporciona simpatía al rostro» (Prov. 15,13). Y el literato Quevedo afirmaba: «Entre las desgracias que le puedan sobrevenir a un ser humano, hay pocas que le hagan tanto daño como la falta de alegría».

Demasiado serios. Algunas personas amigas me dicen de vez en cuando: «¿Por qué está tan serio?». Y un día al pasar por un andén, algo preocupado por un problemita que tenía, oí con estupor que un niño le decía a la mamá: «Ese señor está bravo». Me impresionó esa exclamación infantil y me hice el propósito de procurar tener un rostro un poco menos serio y más amable, pero para obtener esto necesito absolutamente librarme de ciertos pensamientos demasiado serios y entristecedores, porque según el sabio de la antigüedad, el rostro es el retrato de lo que estamos pensando en nuestro cerebro, y de lo que estamos sintiendo en el corazón.

Las causas. Muchas veces nuestra falta de alegría no se debe a grandes problemas sino a pequeños detalles que nos disgustan o nos afanan. Que el tráfico está lleno de trancones... que la comida se retrasó... que alguien nos miró mal o dijo algo en contra nuestra... que hay una factura por pagar... que la cola para llegar a la ventanilla a donde tenemos que ir está todavía demasiado larga... que no nos cumplieron con un trabajo... que cometimos un error... Todas cosas que dentro de diez años (o quizás menos) no tendrán ninguna importancia, y sin embargo perdemos el sentido de la perspectiva o sea de la mirada hacia la repercusión que tendrán hacia nuestro futuro, y nos empezamos a poner demasiado serios y gruñones.

¿Y todo por qué? Porque no queremos aceptar que en la vida las cosas suceden de manera diferente a como quisiéramos que fueran. Porque deseamos que las cosas sean de una manera determinada y no suceden así. Y entonces nos disgustamos por pequeñeces.

Tormento autoconstruido. Decía Franklin que nosotros nos fabricamos nuestros propios tormentos: nos formamos una idea de lo que tiene que ser la vida y del modo como tienen que suceder las cosas, y si no suceden así empezamos a sentir fastidio, miedo, ira, desilusión y desengaño. Nos pasamos la vida queriendo que las personas y los acontecimientos sean exactamente como nosotros queremos, cuando no lo son nos disgustamos y sufrimos.

La fórmula de la tranquilidad. Le preguntaron a Santa Teresita, esa santica simpática que vivía siempre llena de paz y alegría, ¿por qué siempre estaba risueña y de buen humor, y ella respondió: «Es que siempre las cosas suceden como yo deseo». «Imposible», le contestaron, «eso no puede ser». «Sí, sí», añadió ella, «es que yo quiero siempre lo que Dios quiere, y acepto día por día lo que Él permite que suceda, porque sé que todo lo permite para nuestro mayor bien. Y así nunca acontece algo que yo no quiera, porque solamente ocurre lo que mi amadísimo Padre Dios permite que suceda». Varios de nosotros obramos de una manera totalmente contraria: pretendemos darle consejos al Creador y declaramos que las cosas deben ser como a nuestro pobre entendimiento le parece y no como lo ha determinado y permitido su Sabiduría Infinita.

Remedio para la demasiada seriedad. Lo primero que tenemos que hacer es aceptar que en la vida hay y habrá siempre problemas. Si no los hubiera nos volveríamos unos seres degenerados (como sucede a los ejércitos cuando no tienen con quién luchar: se dedican a comer, jugar y dormir; a echar barriga y a volverse unos aperezados). Es necesario volverse más acomodaticios. Ser como el agua que se adapta a la forma de la vasija a donde la echan. Reconocer que gran parte de la tensión y del nerviosismo que sentimos ha sido una fabricación de nosotros mismos porque hemos hecho unos planes del modo como deben suceder las cosas y no queremos aceptar que sucedan de otra manera.

Un segundo paso para vivir alegres y con menos arrugas de disgusto en la frente consiste en no tener exageradas expectativas acerca del modo como van a suceder los acontecimientos, porque la diferencia entre lo que esperamos y lo que resulta después, es la que nos produce los disgustos. Hay que imaginarse más bien que las cosas van a suceder peor y no hacer cuentas alegres. Así

En todas las cosas veamos la presencia de Dios

Lástima dejar de ser felices ahora, por dedicarse a sufrir por el pasado

estaremos más contentos si las cosas resultan mejores. No esperar que el día esté libre de problemas. Más bien pensar que sí van a llegar.

Tercer paso. Cuando se presenta un problema, pensar: «Bueno, he aquí una nueva oportunidad para aprender, para pagar mis pecados y ganar premios para el cielo. Éste es un nuevo obstáculo que tengo que tratar de superar. La paciencia todo lo alcanza. En vez de protestar por la dificultad haré de ella una ocasión para aumentar mi personalidad».

Si esto hacemos tendremos más alegría y la vida resultará mucho más divertida.

Para ser más felices tenemos que aprender a reirnos de nosotros mismos.

Cuando lleguen los problemas y dificultades, recordemos que Dios ha dicho varias veces: "YO NUNCA TE ABANDONARE".

(S. Biblia, Hebreos 13)

75

75 No discutir sino comprender

El cambio por un libro. Cuando terminé mis estudios de secundaria y empezaba a dar clases en un colegio, el primer semestre chocaba contra el parecer de los alumnos y me conquistaba la antipatía de muchos de ellos. Consulté entonces a mi director espiritual, un sacerdote salesiano especializado en Estados Unidos, que poseía en grado eminente el don de aconsejar a los demás, y él como único consejo me dijo: «Consiga y lea el libro *Cómo ganar amigos* de Carnegie». Le obedecí y pasé ratos muy agradables leyendo tan estupendo libro. Y sucedió que en el segundo semestre los alumnos me decían: «¿Qué remedio le dieron? ¿Quién lo civilizó? ¿Por qué ahora trata mejor a la gente?». Mi respuesta era siempre la misma: «Un libro cambió por completo mi modo de tratar a los otros, fue el que se titula *Cómo ganar amigos* de Carnegie (está publicado en esta misma colección y se consigue donde venden el libro *No se disguste por pequeñeces*).

Lo que más me impresionó. De aquella lectura que acabo de mencionar, lo que más provecho me hizo fue la insistencia sistemática y muy inteligente del autor acerca de que «**la única discusión que se gana es la que se**

evita». Allí insiste en que es absolutamente necesario librarse de la mala costumbre de contradecir a los demás. Y presenta el caso de Franklin, el famoso sabio y político norteamericano, el cual desde que dejó su mal hábito de contradecir y de discutir, empezó a ganarse cantidad enorme de amigos y admiradores.

Malas consecuencias. Al mostrarnos sin más ni más en desacuerdo con lo que dicen los demás, tenemos el riesgo de negarnos a aprender nada nuevo. Además de que el hábito de contradecir produce una gran cantidad de estrés y de desgaste nervioso.

Buenos resultados. La primera vez que ensayé a darle importancia al punto de vista del otro, descubrí algo maravilloso de verdad: que esto no me hizo daño y sí me acercó más a la persona con la cual estaba en desacuerdo.

Estrategia. Supongamos que alguien nos dice: «Los liberales, o los conservadores, o los capitalistas, o los socialistas, o los negros, o los blancos, o el equipo, o la teoría X, etc., etc., tienen tales y tales cualidades o éstos y aquellos peligros y errores. En lugar de lanzarnos automáticamente a la discusión y a defender nuestros puntos de vista, **pensemos si allí podremos aprender algo nuevo.** Preguntemos al otro: «¿Por qué piensa así? ¿Por qué cree que eso es así?». No digamos esto como un plan de ataque o preparándonos para la defensa de nuestras propias ideas, sino sencillamente para escuchar otro punto de vista. No intentemos de una vez corregirle o hacer ver al interlocutor que está equivocado (nada ofende y humilla tanto como que le digan a uno que está equivocado y que no tiene razón). **Dejemos que sienta la satisfacción de tener razón.** Practiquemos la habilidad de saber escuchar. Recordemos que nadie se libra del magnetismo que ejerce sobre su persona un oyente atento.

¿No habrá pérdidas? Contrariamente a la creencia popular, esta actitud no hace de nosotros unos seres débiles, unas veletas que se mueven en la dirección en que sople el viento. Este modo de obrar no significa que nuestras creencias no estén suficientemente arraigadas o que creamos que estamos equivocados. Lo único que estamos haciendo es intentar conocer otro punto de vista. No se requiere un desgaste de energía nerviosa para permitir que otro tenga razón. Por el contrario, es un gran ahorro de energía.

¿Y qué va a suceder? Cuando apreciamos otras posiciones y opiniones y otros puntos de vista, lo primero que va a suceder es que aprenderemos algo nuevo y se ampliarán nuestros horizontes (nunca jamás pretenderemos al hablar de este tema que podamos aceptar ideas que vayan contra las verdades de nuestra santa religión. Contra ellas no aceptamos nada en contra). La segunda consecuencia será que la persona con la cual hablamos sentirá que la estamos escuchando y nos apreciará y respetará mucho más que cuando saltábamos de una vez a la palestra de la discusión. Si atacamos, lo que puede suceder es que el interlocutor se reafirme más en sus ideas y opiniones. Y llegará una tercera consecuencia, que consiste en que **si tenemos una actitud más suave,**

la otra persona también la tendrá. Puede que no suceda de inmediato, pero con el tiempo así será. Y hay una cuarta ventaja: y es que obrando así ponemos el afecto y el respeto hacia los demás, por sobre nuestro deseo de tener razón siempre y en todo. Y como consecuencia, quien habla con nosotros escuchará también nuestros puntos de vista. Porque si no lo escuchamos, tampoco nos escuchará. Al mostrarnos flexibles, rompemos la espiral de la inflexibilidad de los que tratan con nosotros.

Cada cual es lo que piensa.
Si tiene pensamientos positivos,
será persona positiva;
si sus pensamientos
son negativos,
será alguien lleno
de negatividad.

(Marco Aurelio)

76 Analicemos y rectifiquemos nuestros ideales

Ideal es un fin que deseamos obtener. Es un bien que apasiona la voluntad y la mueve a obrar. Alguien decía: «Intenté progresar en la vida sin un ideal, y fracasé». En cambio aquel gran formador de líderes, San Juan Bosco, repetía: «Tengan nobles ideales, por ej., el poder hacer lo más posible en favor de los demás, etc.; cultívenlos; trabajen constantemente por obtenerlos, y un día, cuando menos piensen, Dios suscitará una ocasión quizás inesperada, y obtendrán lo bueno que tanto deseaban, porque la *Biblia* ha prometido: Dios sacia de bienes los anhelos o los buenos deseos de sus fieles» (Salmo 103).

¿Qué es lo que deseamos? Los sabios dicen: **«Cada persona vale lo que valen sus ideales».** Conviene preguntarse frecuentemente: **«¿Qué es lo que yo deseo conseguir?** ¿Ganar mucho dinero? ¿Triunfar en un partido deportivo? ¿Obtener un ascenso? ¿Ser el mejor? ¿Tener mucha fama? ¿No tener problemas? Ciertamente no hay nada malo en este tipo de ideales, pero ellos no son los más importantes si lo que anhelamos es conseguir la felicidad y la paz interior. Ver nuestra fotografía publicada en un periódico puede ser importante, pero muchísimo más lo es el permanecer más calmados y tranquilos cuando llega una adversidad. Sin embargo, mucha gente cree que es más importante el que su foto salga en el periódico y no que se logre permanecer en calma y sin encolerizarse ante las situaciones difíciles y amargas. Y ese modo de pensar es una equivocación. ¿Qué preferimos nosotros en estos casos? ¡Conviene pensarlo bien y analizarlo!

Programar los ideales. ¿Ser alguien amable, afectuoso, sanamente alegre, optimista, tratable y lleno de respeto y aprecio hacia los demás, es uno de nuestros ideales? Pues entonces a trabajar por conseguirlo (y uno de los medios puede ser el leer y releer las páginas de este libro y de otros que aquí recomendamos).

Autoexamen. A veces pienso en los ideales que he logrado conseguir y en las fallas que he tenido en este asunto tan importante. A veces he sido bondadoso conmigo mismo y con los demás y he logrado comportarme con calma y con sosiego en una dificultad y he sido feliz. Es un ideal conseguido. Otras veces he reaccionado de modo exagerado cuando algo no sucedió como quería, he seguido con mi enojo y me he demostrado demasiado inflexible. Esto es una derrota en mi lucha por un ideal de amabilidad y paz interior. Y al analizar mis comportamientos vengo a constatar que el valor de nuestra personalidad no depende solamente de las cosas que hacemos sino también de la manera amable y noble como nos comportemos y de la cantidad de afecto que ponemos en nuestro trato y en cada una de nuestras actividades.

Saber escoger. Jesús decía: **«¿De qué le sirve a alguien ganar todo el mundo si se pierde o se perjudica a sí mismo?»** (Luc. 9,25). Por eso no nos dediquemos únicamente a obtener ideales externos y vistosos (que a veces más que aprovechar en verdad, lo que hacen es inflar vanamente el orgullo y hasta amargar la vida). Pongamos mayor hincapié en lo que vale de verdad, en conseguir las buenas cualidades, las virtudes, las buenas costumbres, todo aquello que nos haga más agradables ante Dios y ante las personas que nos tratan.

Una buena pregunta. El sabio Frank, que a tantos individuos hizo subir muy alto en la formación de la personalidad, repetía a sus alumnos: «Piensen no en qué esperan Uds. de la vida, sino en **qué espera la vida de Uds.»**. Muchos de ellos iban después donde su maestro a darle las gracias por esta estrategia que tanto provecho les hizo para su crecimiento espiritual.

La experiencia enseña que quien tiene un POR QUÉ para vivir, puede soportar cualquier CÓMO.

Un formador de juventudes recalcaba a sus discípulos: «Lo que cada cuál necesita no es vivir sin problemas ni dificultades, sino proponerse un ideal que valga la pena y luchar por conseguirlo. **Lo triste de la vida sería no tener unos ideales elevados** por los cuales luchar. Cuando se pierde el deseo de obtener un alto ideal pueden estallar con violencia los instintos sexuales y otras inclinaciones materiales muy dañosas.

Preparar el examen. Pensemos: ¿Ante quién tendré que dar cuenta con responsabilidad de haber hecho lo posible por conseguir mis altos ideales? ¿Ante Dios? ¿Ante mi conciencia? ¿Ante la sociedad? Y pensemos también: ¿Qué desearemos poder responder entonces? Ojalá que la respuesta que podamos dar sea la siguiente: «Tuve altos ideales y cada día hice algo por lograr alcanzarlos».

Tener un alto ideal y cultivarlo, prepararse para él y tarde o temprano, Dios suscitará una ocasión para conseguirlo.

(San Juan Bosco)

Hay que ser lento y tardo para encolerizarse, porque la ira del ser humano no produce la santidad según Dios.

Apóstol Santiago (Sant. 20)

77 Escuchar la voz de alarma

Actualmente los automóviles y otros aparatos tienen unos bombillos rojos que se encienden cuando algo está funcionando mal en la maquinaria, para avisar al usuario que es necesaria una revisión porque algo está fallando y puede sobrevenir un accidente o un desastre. Algo parecido hace falta en nuestro espíritu: una voz interior de alarma que nos avise cuando estamos dirigiéndonos hacia la inflexibilidad, la agresividad, el conflicto y los pensamientos negativos. Es necesario que nuestra conciencia funcione como un **termómetro** que nos avise y nos dé la voz de alarma cuando la temperatura se sube más de lo conveniente.

Dos situaciones. A veces obramos equilibradamente y no dejamos que nos atrapen y nos apachurren los pensamientos negativos, no tomamos las cosas demasiado en serio y entonces tenemos sensaciones placenteras y agradables. En estos casos estamos empleando los pensamientos positivos para nuestro provecho. Pero otras veces la experiencia de la vida ya no nos resulta agradable, nos sentimos enojados, resentidos, estresados, frustrados, deprimidos y cosas por el estilo. En estos casos sí que es necesario que el **sistema de alarma** de nuestro espíritu entre en funcionamiento para avisarnos que nos estamos alejando del camino recto, que ha llegado el momento de aminorar la marcha de nuestros pensamientos y de dirigirlos hacia lo positivo y no hacia lo deprimente. Esas voces de alarma en nuestro interior son como el radar que avisa de la presencia cercana de un objeto contra el cual podemos chocar y hacernos daño.

Hacer de cada contrariedad una oportunidad. Los monjes budistas del Tíbet, en el Asia, insisten mucho a sus discípulos para que se acostumbren a mirar las dificultades de la vida no como algo dañoso sino **como oportunidades para fortalecer la voluntad** y hacer trabajar a la inteligencia, y a que en cada problema que se les presente vean **una ocasión para aprender algo nuevo.** Y esto les trae una paz que nunca antes habían experimentado.

Cuidado con la fijación. Los maestros de espíritu ponen siempre en guardia acerca de un peligro muy paralizador que existe, **la fijación,** que consiste en concentrar la atención en lo malo, en lo negativo, en lo que hace sufrir, en lo que se opone a nuestros deseos, y no en lo hermoso y agradable que nos sucede a cada rato. Porque la fijación clava de tal manera esos temas desagradables en la mente que a todas horas nos lleva a pensar en ellos. Según el sabio antiguo Marco Aurelio: **«Cada cuál es lo que sean sus pensamientos».** Si vivimos pensando en lo negativo nos volveremos necesariamente negativos.

Solución. No vamos a fingir que las situaciones negativas no existen. Pero lo que sí tenemos que hacer es analizar calmadamente si nuestra actitud ante esas situaciones no está siendo demasiado exagerada y dañosa. ¿No será que estamos tomando la vida demasiado en serio? ¿En verdad estas contrariedades son tan grandes que merecen que vivamos estresados, enojados y tristes? ¿No será que nos estamos disgustando por pequeñeces?

Detengámonos un momento en nuestra carrera hacia el descontento. Respiremos profundamente. Tratemos de relajarnos un poco y recordemos: **la vida no será un problema, mientras nosotros no queramos convertirla en un problema.**

Los optimistas viven más años que los pesimistas y los viven más sabrosamente.

La vida esta llena de pequeñas alegrías. El arte consiste en saber distinguirlas y apreciarlas

Con el primero que tengo que tener paciencia es conmigo mismo.

78

No busquemos lo que no se nos ha perdido

Cuando éramos muchachos y queríamos entrometernos en lo que no nos pertenecía, los mayores nos decían: «**Mijo, ¿para qué se dedica a buscar lo que no se le ha perdido?.** «No se meta en lo que no le importa». Esto mismo deberíamos decirnos a nosotros mismos cuando nos sorprendamos angustiándonos por los problemas de otros, tratando como si fueran propias las preocupaciones de los demás, cuando no somos nosotros los encargados de responsabilizarnos de esos asuntos.

Ejemplos prácticos. Alguien llama al teléfono: «Mira, la esposa (o el marido) me está haciendo la vida imposible». Tenemos dos **opciones** para tomar. **La una,** afanarnos, preocuparnos, decirle que acabe con todo, que no se deje, que... y dedicar el resto del día a afanarnos y a comentar este problemota de la otra persona. **La segunda** opción es mucho más sensata y consiste en pensar: «quien se mete en pelea de esposos termina ganándose la antipatía de ambos». Y aconsejar: «Tenga paciencia. Dele tiempo al tiempo. Encomiende su problema a Dios y pregúntese: ¿qué culpabilidad tendré yo también en este caso? Porque no siempre la culpa está en el uno solamente... Encomiende su cónyuge a Nuestro Señor... vaya despacio y no tome por ahora ninguna resolución, porque las resoluciones precipitadas no traen sino desilusiones... etc.». Y el resto del día estar tranquilo pensando: «Ese es problema de ellos y no mío. No me voy a amargar la vida por ponerme a llorar por funerales ajenos. Ya tengo bastantes amarguras con mis propios problemas para añadir ahora los de los otros», etc., etc.

No tenemos por qué dedicarnos a devolver toda pelota que nos llegue. ¿Para qué aumentar el número de problemas en la propia vida de uno dedicándonos a preocuparse por los problemas de otras personas, cuya solución no está en nuestras manos?

No es indiferencia. Esto no significa que no nos interesen en absoluto los problemas de los demás o que no queramos hacer nada por tratar de ayudarles a solucionarlos. Lo que significa es que no vamos a quemar nuestras energías nerviosas por dedicarnos a angustiarnos por problemas cuya solución ni nos corresponde ni está en nuestras manos realizarla. Así como será un desgaste nervioso inútil y dañoso el angustiarnos por un problema que la TV presenta como sucedido en tierras lejanas, siendo que en nuestras manos no está la solución para resolverlo, así es una dañosa imprudencia dedicar tiempo a preocuparnos por noticias dolorosas que nos cuentan familiares, amigos y conocidos, si con afanarnos no arreglamos nada. Cumpliremos lo que recomienda el Salmo 55: **«Confía los problemas en manos de Dios, que Él te ayudará a resolverlos»,** y lo que decía San Pedro en una de sus cartas: **«Coloquen sus dificultades en manos de Nuestro Señor, que Él se interesa mucho por Uds.»**. Lo demás será sólo un desgaste inútil de unas preciosas energías nerviosas que bien podríamos utilizar en otros fines muchísimo más provechosos.

Un poeta escribió: «Si supiera que llorando / mi madre volvía a vivir, / me la pasaría llorando / febrero, marzo y abril». Pero, ¿si ya no va a volver a vivir en esta tierra, ¿para qué dedicarnos entonces a seguir llorando? ¿No será derramar lágrimas por algo que ya no tiene solución? ¿Por qué no las guardamos para otros temas que sí podemos resolver?

No gastar pólvora en gallinazos. Si tenemos que contestar todas las llamadas telefónicas, si tenemos que angustiarnos por cuanta persona nos cuente sus angustias; si cada noticia negativa que escuchamos nos llena de ira y de amargura, si cada vez que alguien nos cuenta sus problemas ya sentimos afán por no poder ayudarle a resolverlos, nos va a suceder lo de aquel cazador que gastó toda la pólvora de su escopeta en dispararle a los gallinazos, cuya carne de nada sirve, y cuando se le presentó la verdadera presa, el venado de carne sabrosísima, ya no tenía pólvora y se quedó sin cazar nada que valiera la pena.

¿Por qué cosas me estoy preocupando? ¿Por lo que sí está en mis manos resolver? ¿Por lo que es mi deber ayudar a solucionar? ¿O simplemente me estoy metiendo en lo que no me importa y buscando lo que no se me había perdido? Dios me ilumine. Amén.

Un buen oyente
convierte
en oro cada
palabra que le
decimos

Que la mano derecha no sepa el bien que hicimos con la mano izquierda

79

Vanidad de vanidades. Todo pasa, se esfuma, y se va

En la *Biblia* hay un libro muy especial y bastante raro. Se titula *El Eclesiastés,* y se dice que fue escrito por el sabio rey Salomón en su ancianidad, cuando ya estaba desilusionado de todo lo que en sus años mozos le había ilusionado y atraído. Allí insiste en esto: «Todo pasa. Todas las cosas llegan a cansar y a desilusionar. Nada hay nuevo sobre la tierra. Lo que fue, eso será. Todo es vanidad y como tratar de atrapar vientos. Nada queda. Los placeres se van demasiado pronto... y cuanto parece que va a dar un contento duradero, se acaba cuando menos pensamos... etc. Todo se va yendo, lo bueno y lo malo, el placer y el dolor, la aprobación y la desaprobación. Nada, nada que no sea Dios, puede llenar el corazón humano».

Ley de todos. Cada uno de nosotros puede firmar esas declaraciones del sabio de la antigüedad. Los pensamientos, las emociones, los recuerdos, los deseos, los sustos y los consuelos, llegaron y ser marcharon. Hemos sentido alegrías y tristezas, consuelos y desilusiones, optimismos y depresiones, enojos y tranquilidades, orgullo y humillaciones, amores y desprecios, y todo se ha ido yendo y ha sido reemplazado por otros sentimientos y pensamientos. ¿Y qué ha quedado de todo eso? Es como querer atrapar vientos, responde Salomón. ¿Entonces para qué concederle tanta importancia a cada una de estas sensaciones y para qué afanarse tanto por ellas?

Nuestra opinión contrariada. Cuando experimentamos placer queremos que él nunca se acabe, pero desaparece demasiado pronto. Cuando sentimos dolor deseamos que desaparezca muy pronto y a veces tarda bastante en alejarse. Y si persistimos en querer imponer nuestra opinión y los propios gustos, lo que conseguimos es labrarnos nuestra propia infelicidad. Lo mejor será aceptar la vida como Dios permite que nos vaya llegando, lo cual llamaba Jesús **«aceptar la cruz de cada día».** Esta aceptación sí trae paz y felicidad.

Buena técnica. Los experimentos aconsejan ciertas normas que pueden ser muy útiles. Por ej., cuando llegue el éxito y nos quiera llevar a la vanidad, recordar antiguas humillaciones. Cuando lleguen los desprecios y humillaciones, recordemos antiguos éxitos y elogios recibidos. No olvidar lo que dice el salmo de la *Biblia:* «Si por la tarde nos acompaña el llanto, por la mañana nos acompañará la alegría. Si sembramos llorando, cosecharemos cantando» (Salmo 126). Recordar que «Dios aprieta pero no ahoga», y que cuando una puerta se cierra, otra en cambio quedará abierta para darnos la próxima oportunidad de triunfar. Con el Salmo 27 diremos: **«Aunque mi padre y mi madre me abandonen, Dios nunca me abandonará».**

La decepción de un general. Cuando Francisco de Borja, que era gobernador general de España, fue enviado a llevar hacia una ciudad lejana el cadáver de la reina del país, que había sido una de las mujeres más bellas de su tiempo, al abrir el ataúd vio aquel cuerpo antes tan hermoso, convertido ahora en un repugnante y maloliente cadáver, entonces exclamó: «No serviré ya nunca más a jefes que se me van a morir y que se pudrirán en un sepulcro, a jefes que no me pueden salvar el alma». Y dejó sus altísimos puestos del gobierno, entró de religioso y llegó a ser el gran San Francisco de Borja.

¿Qué me enseña este ejemplo? ¿Estaré yo poniendo mi esperanza en seres que pueden fallar antes de lo que me imaginaba? ¿Será que le doy demasiada importancia a lo que es totalmente pasajero, que hoy existe y mañana ya no es? Ojalá repita siempre la frase del Salmo 39: **«Sólo en Dios pongo mi esperanza».** Él es el único que nunca me fallará».

Tengo que interesarme por mi futuro eterno, porque en él voy a pasar el resto de mi existencia.

80

Llenar la vida de sanos afectos. Si amamos seremos amados

Dicen que la necesidad más grande del ser humano es amar y ser amado. Jamás he conocido a alguien que no tenga deseos de tener una vida llena de cariño y de amor. Y esto es tan importante que el mismo Creador juzgó que su primer y principal mandamiento tenía que ser acerca del amor. «**Amarás a tu Dios con todo el corazón, y amarás al prójimo como te amas a ti mismo**» (Mt. 22,38) y anunció que en el día del Juicio Universal, estarán a la derecha del Redentor para ser salvos y eternamente felices quienes hayan demostrado con obras de caridad su amor hacia los demás, y en la izquierda, para la eterna condenación, quienes no hayan tenido amor de caridad para con los necesitados (Mt. 25,40).

Triste realidad. Según las estadísticas, **son más quizás los que carecen de amor que los que carecen de pan.** Existen individuos que dicen que aman a todos, pero en realidad no aman a ninguno. Habría que repetirles lo que los compañeros de un curso le dijeron a un estudiante muy indiferente y egoísta que les decía: «Yo los amo a todos Uds.», y los otros le respondieron: «Pero no se le nota. No lo manifiesta».

Ama y te amarán. En el amor no hay que esperar a que otros nos manifiesten su afecto. Es necesario empezar a manifestarlo nosotros a ellos. Y el buen ejemplo de nuestro amor de caridad y fraternal, seguramente irá despertando en ellos su amor hacia nosotros.

Buen propósito. Conviene hacer cada día el firme propósito de mostrarnos cordiales y sanamente afectuosos con los demás. El deseo y el propósito de ser afectuosos logra ya despertar y animar nuestro propio corazón. Preguntémonos de vez en cuando: «¿Puedo ser un poco más afectuoso? ¿Puedo demostrar algo más de aprecio y cariño a las personas? Tengo que recordar que **el amor de caridad y de fraternidad es la ley suprema** de los seres humanos, y que según San Juan de la Cruz: «**En el atardecer de nuestra vida seremos juzgados acerca del amor**».

Algo importado. Los santos repetían frecuentemente que el verdadero amor, el amor desinteresado que solamente busca el bien de los demás, es algo importado del cielo, algo sobrenatural que solamente se consigue pidiéndolo a Dios. Existe el **amor sensual,** hacia alguien que nos atrae por sus cualidades corporales. Hay también el **amor interesado,** hacia quien nos puede ayudar y hacer favores. Hay el **amor natural,** espontáneo, hacia quien tiene cualidades especiales de simpatía y de buen trato, pero el **amor verdadero,** el amor desinteresado, el amor generoso y espiritual, hay que pedirlo al cielo en la oración, porque ese no brota espontáneamente de nuestros instintos. Pero «**Dios es amor**» y Él goza contagiando del verdadero amor hacia Él y hacia los seres humanos, a quien le suplica muchas veces este gran favor. ¿Cuántas veces pediré al buen Dios que me aumente el amor hacia Él y el verdadero amor hacia los demás? Ojalá sean muchísimas y todos los días de mi vida. Y comprobaré que sí se cumple también en mí aquella hermosa promesa de Cristo: «Quien pide recibe. Mi Padre Celestial dará el buen espíritu a todos los que se lo pidan» (Luc. 11,13).

Corta distancia. La gente dice: «**La distancia más corta entre dos corazones es una sonrisa amable**». En Estados Unidos a los niños que llegan por primera vez a los estudios de primaria les dan una lección muy especial: «**aprender a sonreír**». Y les enseñan que la sonrisa es un regalo que podemos ir repartiendo por el mundo para hacer más felices a quienes nos rodean. ¿Sonrío yo frecuentemente? ¿Sonrío con sinceridad? Porque si mi sonrisa es postiza e hipócrita, más parecería una mueca que un sonreír verdadero. ¿Recuerdo que el único animal que puede sonreír es el ser humano? ¿Aprovecharé esta bella cualidad que tengo? ¿O me tendrán que repetir el regaño de aquel santo: «**Lo que no puedo aceptar de ti es que tienes siempre el rostro demasiado serio**»?

Apreciar es amar. Nadie ama lo que no aprecia y estima. Si queremos sentir más afecto por las demás personas tenemos que pensar en sus cualidades y buenas intenciones. Si las estimamos más, sentiremos mayor afecto por ellas.

Frase ganadora. Una revista internacional hizo un concurso acerca de la mejor frase sobre el trato social. La respuesta ganadora fue ésta: «**Cada pensamiento que tenemos en favor de los demás, es un masaje que le damos a nuestro rostro y que lo vuelve más amable y simpático**». ¿Cuántos pensamientos amables voy a tener hoy en favor de los otros?

Que si en algo somos exagerados sea en mostrarnos amables, bondadosos y sanamente alegres

(San Francisco de Asís)

No se preocupen
por el día de mañana:
a cada día le basta
su propio afán.
(Jesucristo)

Mejorar los pensamientos

Si pudiéramos conocer la inmensa y poderosa **relación que existe entre lo que pensamos y lo que sentimos,** nos esmeraríamos muchísimo más en alejar los pensamientos negativos y cambiarlos por pensamientos positivos.

Alto número. Cada día tenemos más de cincuenta mil pensamientos. Muchos de ellos son los mismos del día anterior, y existen personas tan pasivas y poco creativas que dejan pasar tiempos y tiempos sin tener pensamientos nuevos. Otros se fabricaron una colección de pensamientos negativos y ellos son los que dominan noche y día. Para los pesimistas ni siquiera el 10% de sus cincuenta mil pensamientos diarios son optimistas, y para los perezosos ni el cinco por ciento de sus pensamientos son creativos o animadores. ¡Qué pérdida tan perjudicial para su personalidad!

Un computador apagado. El computador devuelve lo que se le ha dado. El cerebro humano es el más admirable computador que existe y que pueda existir. Ya dijimos que tiene trece mil millones de células nerviosas o neuronas dispuestas a producir hora por hora y minuto por minuto los mejores pensamientos y las más luminosas ideas, si se les hace trabajar y se les alimenta con buenas lecturas y dedicándose a pensar y a meditar. Lástima que para muchas personas ese «valiosísimo computador» vive como apagado. No lo alimentan con ideas nuevas, ni nuevos aprendizajes, ni le piden soluciones, ni dedican tiempo a pedir y a escuchar sus respuestas.

Oferta humillante. Los humoristas cuentan que en los países más civilizados del mundo están organizando «bancos de cerebros» para cuando se descubra el método de hacer transplantes de cerebro de alguien que muere repentinamente, a una persona que tenga alguna enfermedad mental. Y que **por el cerebro de un alemán ofrecen mil dólares,** porque está muy desgastado de tanto pensar. Que **por el cerebro de un norteamericano ofrecen tres mil dólares,** porque está medio desgastado. Pero **que por el cerebro de un latinoamericano ofrecen diez mil dólares, porque su dueño murió sin haberlo estrenado.** Es un cuento de humor negro, pero sería una verdadera lástima que de nosotros al morir pudieran afirmar lo que decía un gran sabio: «Una persona ordinaria, al morir tiene el noventa por ciento de su cerebro sin estrenarlo, sin haberlo hecho trabajar y producir las ideas que le podía dar».

Saber escoger. En relaciones humanas recomiendan: «Si Ud. no puede contar buenas noticias, no las cuente». Aquí debemos afirmar algo parecido: «Si podemos tener pensamientos, tengámoslos, pero positivos, creativos, animadores, y no negativos y pesimistas. Porque **todo pensamiento influye notabilísimamente en lo que**

sentimos y en el modo como luego actuamos. Cada pensamiento tiene una reacción en la personalidad, para bien o para mal, pero la tiene.

Dime lo que piensas y te diré lo que eres. Nuestras reacciones de enojo y de cólera han sido precedidas por pensamientos de cólera y enojo. Porque para tener una sensación es necesario que antes haya habido un pensamiento que la produzca. Todo sentimiento de infelicidad viene precedido de pensamientos negativos que nos convencen de que somos infelices. Los celos no pueden existir si antes no han existido pensamientos de desconfianza hacia la otra persona. Lo único que obtiene que persistan nuestras reacciones negativas, es que sigamos teniendo pensamientos negativos. Si pienso que nada valgo, sentiré en realidad que nada valgo.

¿Y qué hacer? Cuando nos lleguen pensamientos negativos, por ej., no valgo nada, no me quieren, no me comprenden, todo me resultará mal, etc., hagamos entonces como cuando vamos a almorzar en un restaurante campestre: cada vez que se nos acerca una mosca la espantamos para que no nos infecte a nosotros ni a nuestros alimentos. Espantemos esos malos pensamientos; malos porque nos hacen daño y nos acomplejan; malos porque la mayor parte son mentiras y porque nos atormentan y nos entristecen; malos, requetemalos, dignos de total y perpetuo rechazo y alejamiento de nuestro cerebro, son los pensamientos negativos.

82

Abandonar la idea de que cuanto más se tenga mayor felicidad habrá

En esta sociedad de consumo muchas gentes se imaginan que cuanto más tengan, mayor será su felicidad. Si esto fuera cierto, la gente de hoy sería la más feliz de toda la que ha vivido en la tierra en este millón de años, porque nunca antes los seres humanos habían tenido tantos bienes y comodidades. Si el tener más hiciera a la gente más feliz y más satisfecha, la generación de nuestro tiempo sería la más satisfecha de toda la historia de la humanidad. Pero no es así. Ni siquiera de lejos. De hecho vivimos en una de las culturas más insatisfechas que se han conocido.

¿Dónde está el error? No se trata de que tener más bienes sea erróneo, malo o dañino en sí mismo. **Lo malo está en el deseo insaciable de poseer bienes, sin darse nunca por satisfecho.** Mientras pensemos que sólo teniendo más seremos felices, nunca viviremos satisfechos.

Como los guaqueros y los cazadores. Decía un novelista de fama mundial que al escritor le sucede como al cazador de leones, que tan pronto logra cazar uno se va a buscar otro para hacerle la cacería, o como al guaquero o buscador de tesoros enterrados, que apenas logra encontrar un tesoro se va en busca de otro nuevo. Así el escritor. Termina un libro y empieza a escribir el siguiente. Esto que sucede al escritor, al guaquero y al cazador, sucede continuamente a los individuos comunes y corrientes de la sociedad. Tan pronto logran una meta, de una vez se van en busca de la siguiente sin lograr gozar de la que ya han alcanzado. Esto anula nuestra capacidad para gozar sanamente de las pequeñas realizaciones que se consiguen en la vida.

El hombre del auto. Un amigo mío se compró después de ahorrar por años, un automóvil de quince mil dólares. Cuando lo estaba estrenando, me lo encontré y le dije: «Se sentirá Ud. muy feliz con el auto». Y me respondió suspirando: «No tanto. Cuando veo los autos de treinta mil dólares me lleno de envidia y de rabia». Había creído que sería feliz si lograba tener auto propio. Pero ahora su insaciable deseo de tener más y más, lo hace sencillamente infeliz. En diferentes grados, casi todos somos así. Cuando a la madre Teresa de Calcuta le concedieron el Premio Nobel de la Paz, un periodista le preguntó: «¿Ahora qué otra condecoración desea conseguir?». Como si ella fuera una de esas eternas insatisfechas para las cuales ningún logro les parece suficiente.

El truco para solucionar esto. Existe una manera que puede ayudar a librarnos de la eterna tristeza de no estar satisfechos nunca con los triunfos que conseguimos. Consiste en convencernos de que **la felicidad no**

va a estar en tener más, sino en saber gozar de lo que ya se tiene. Que el peligro está en la sed insaciable de tener y poseer, sin sentir jamás la felicidad de gozar sanamente de lo que Dios ha permitido que consigamos.

Un buen aprendizaje. Hay que aprender a sentirse feliz con lo que se posee, a centrarnos en el presente y darle importancia a lo que ya tenemos y no a lo que deseamos conseguir. Cuando nos llegue la tentación de pensar que seríamos felices si tuviéramos todo lo que deseamos, pensemos seriamente que seguramente no lo seríamos, porque entonces nuestro apetito insaciable de poseer y tener, nos impulsaría a desear muchas otras cosas y realizaciones más. Porque eso que nos impulsa a no estar satisfechos ahora con lo que tenemos y a desear tener mucho más, eso mismo nos impulsará a no estar contentos cuando hayamos logrado todo lo que ahora deseamos, y nos seguirá manteniendo en un estado de insatisfacción y de infelicidad.

Saber apreciar. Para ser felices tenemos que aprender a apreciar las cosas de que ya estamos disfrutando. Mirarlas con ojos nuevos como si las viéramos por primera vez. Esto aumentará notablemente nuestra propia felicidad. Y al mirar las que deseamos conseguir, si no son absolutamente necesarias, exclamar de vez en cuando: **«¡Cuántas cosas que yo no deseo!».** «Sin todo ello puede ser feliz también. No quiero amarrarme ni esclavizarme a bienes de la tierra que se acaban tan prontamente y que todos juntos no logran dar plena satisfacción al corazón humano. **Sólo Dios basta y Él nunca**

me fallará. Mi perfecta felicidad y el que ya no me falte nada de lo bueno que pueda desear, eso sucederá en el cielo, y allá sí mi felicidad será eterna, por los siglos de los siglos. Aquí estoy como en un destierro. Mi patria es el cielo y cada día estoy 24 horas más cerca de llegar a él».

Una persona es tanto más feliz cuanto menos deseos inútiles tiene.

(Buda)

Somos peregrinos que vamos hacia el cielo.

Nuestra patria es el cielo Nuestro destino no se halla aquí.

83

Preguntarse frecuentemente: ¿qué es lo más importante?

Con mucha frecuencia nos sucede que nos vemos rodeados de un número inmenso de preocupaciones y cosas por hacer. Y en ese caso tenemos el peligro de darle más importancia y mayor tiempo a aquello que menos se lo merece, y en cambio dejar a un lado lo que es de mayor importancia. Por eso he descubierto que resulta sumamente útil preguntarse frecuentemente: **«¿Qué es lo más importante?».** De todo lo que tengo que hacer y me preocupa, ¿qué es en verdad lo que más atención merece?

Un consejo que mereció un buen premio. A la oficina del multimillonario industrial Schaw llegó un día un desocupado a pedirle ayuda y le hizo esta propuesta: «Le dejo un consejo. Practíquelo por unos días y dentro de una semana vuelvo y Ud. me dice cuánto me paga por él». Y en una tarjeta le dejó un mensaje que era el siguiente: **«Cada día haga la lista de las cosas más importantes que tiene que hacer. Póngalas en orden de importancia y vaya haciéndolas en ese orden».**

Más vale que digan:
“No se enfurece
por nada”

EN LA VIDA
NO ES NECESARIO
HACERLO TODO

El industrial practicó este consejo por una semana y le produjo tan buenos resultados que al final de la semana, cuando volvió el que había dejado la tarjeta, le dio como premio diez mil dólares. Y es que le parecía que un consejo como éste bien merece pagar por él una buena cantidad de dinero.

Práctica. Desde que leí este ejemplo me propuse hacer cada mañana la lista de las cosas que tengo que hacer o resolver en ese día, colocarlas en el orden de importancia que me parece que tienen, e irlas haciendo o resolviendo en ese orden. Y como resultado he obtenido un admirable aumento de la paz de mi espíritu, y un lograr dejar a un lado o de últimas, muchas cosas secundarias que tenían el peligro de distraerme de lo principal y quitarme el tiempo que debía dedicar a lo que más importancia tiene.

Resultados. Ahora que estoy practicando esta técnica me doy cuenta que estoy más dedicado a lo presente; que procedo con menos prisas, y que he empezado a concederle más importancia a que los demás estén contentos y no a que yo tenga razón. Me doy cuenta que si me distraigo en muchas cosas puedo perder de vista mis prioridades y dedicarme a un activismo disperso que me desgasta pero que no me consigue verdaderas realizaciones.

Pero cuando me olvido de este método y empiezo a obrar a la topa tolondra, salgo corriendo a la puerta al primer llamado, trabajo hasta tarde, quitándole fuerzas a la jornada siguiente, me impaciento porque no logro terminar rápidamente todo lo que quiero, y desgasto lastimosamente mi tiempo en cosas secundarias que podría relegar o dejar a un lado, para no distraerme ni alejarme de las metas que me he propuesto conseguir.

Una buena consecuencia. Si apartamos unos minutos de nuestro ajetreado tiempo para preguntarnos: **¿Qué es realmente lo más importante de lo que tengo que hacer?**, puede ser que descubramos que algunas de las actividades a las cuales les estamos dedicando más tiempo, están en conflicto con los ideales que nos hemos propuesto conseguir, nos alejan de ellos o nos quitan tiempo y energías que debíamos dedicar a conseguir esos ideales, y empezaremos a dirigir toda nuestra actividad hacia las metas que queremos alcanzar y a no dispersar fuerzas en otras cosas que no ayudan a obtener lo bueno que nos hemos propuesto.

Como Nehemías. Narra la S. *Biblia* que a Nehemías, un personaje famoso del Antiguo Testamento, que dirigió la reconstrucción de Jerusalén después del destierro, le llegaron unos enemigos traicioneros a invitarlo a que se fuera con ellos a unas fiestas y reuniones profanas, y él se negó, con esta importante respuesta: «**Estoy haciendo una obra muy grande e importante y no puedo dedicar mi atención a otras cosas secundarias que no sirven para obtener el fin que me he propuesto conseguir**». Así se libró de una emboscada y pudo proseguir la reconstrucción de la Ciudad Santa. Digamos algo semejante cuando actividades extrañas y no tan importantes quieran que les dediquemos a ellas el tiempo que necesitamos emplear en conseguir los altos ideales que nos hemos propuesto alcanzar: «Estoy dedicado a una obra demasiado importante y no puedo malgastar mi tiempo en lo que no me ayuda a terminarla».

Así obtendremos más y nos desgastaremos menos.

Hacer la lista de las cosas más importantes que tenemos que hacer. Colocarlas en orden de importancia y hacerlas en ese orden.

84 Confiemos en nuestras propias intuiciones

Se llama **intuición** el arte de percibir instantánea y claramente una idea. Es una habilidad para deducir de nuestras experiencias y observaciones, valiosas conclusiones. Es lo que nos decimos muchas veces después de sucedido un hecho: «Ya me imaginaba yo que esto iba a suceder. Ya se me había ocurrido que yo debía obrar de tal y tal manera». Frecuentemente se nos ocurre un buen modo de obrar pero luego desistimos de hacer eso y perdemos una valiosa oportunidad que se nos presentaba.

Una voz interior. Confiar en la propia intuición consiste en escuchar esa voz interior que nos dice lo que debemos hacer o evitar, qué acciones necesitan ser emprendidas y qué cambios hay que realizar en nuestra propia existencia. Muchas veces no escuchamos esa voz, porque nos lo impiden el miedo, la pereza, la inseguridad, el temor de que no nos resulte bien o que no sea aceptado esto por los demás. Nos ponemos objeciones: «Esto es demasiado difícil», «No tendrá éxito», «No me atrevo», «No tengo ganas», etc. Y colocamos una muralla de pensamientos negativos frente a las ideas que se nos ocurren, y después cuando hemos abandonado esa ocasión de obtener una realización, colocamos las excusas de que nos faltan cualidades o medios para obtenerlas. Y se nos olvida que la excusa es hija de la pereza y hermana gemela de la mentira. Lo que nos faltó fue ánimo, valor, confianza en nosotros mismos y en Dios.

Saber arriesgarse. Si somos capaces de superar el miedo a equivocarnos, si nos dejamos guiar por nuestras sanas intuiciones, si aprendemos a confiar en ellas, nuestra vida se podrá convertir en una aventura mágica. **La única diligencia que se pierde es la que no se hace ni se intenta.** La mayor parte de los fracasos en la vida se deben no a lo que se hace, sino a lo que por miedo se deja de hacer. No a la acción sino a la omisión. Confiar en nuestras intuiciones, en las buenas ideas que se nos ocurren, es eliminar barreras que se quieren oponer a la realización de nuevos éxitos. Es la manera de abrir los ojos y el corazón a grandes oportunidades que se nos pueden presentar, pero que podemos perder si no nos atrevemos a actuar.

Hacer el ensayo. Si no estamos familiarizados con la costumbre de confiar en nuestras propias intuiciones, empecemos por dedicar de vez en cuando un rato de tranquilidad para planear nuevas ideas y realizaciones. Escuchemos lo que nos aconseja nuestra mente. Pidamos al Espíritu Santo que nos ilumine. Hay que **«echar cabeza»**, como dice la gente. Alejemos de la mente cualquier pensamiento derrotista o negativo que trate de invadirnos y prestemos atención solamente a los pensamientos sosegados y positivos que nos vayan llegando.

Obedecer a la intuición. Los ejecutivos tienen este lema: «manos a la obra». **«Lo que no se hace ya, no se hace nunca».** La palabra «después» puede convertirse en «jamás», y esto es dañoso. ¿Nos viene la intuición de escribir a alguien o de hacer una llamada telefónica que nos parece importante? Hagámoslo ya. Las personas ejecutivas saben que deben escribir una carta y la escriben enseguida. Los perezosos saben que la deben escribir. No la escriben hoy y se les queda sin hacerlo... ¿La intuición nos dice que debemos descansar un poco más y no debilitar tanto el sistema nervioso? Pues empecemos ya, desde hoy, a disminuir nuestro ritmo de trabajo, no sea que cuando menos pensemos ya estemos agotados... ¿Nos avisa la conciencia que debemos combatir una mala costumbre? Empecemos a combatirla.

Descubrimiento. Notaremos luego que si cuando la intuición nos transmite un mensaje, nosotros le respondemos con una acción, nos vemos recompensados con experiencias positivas y alegradoras. Comencemos desde hoy mismo a darle más importancia a las intuiciones o buenas ideas que se nos ocurren y veremos unas diferencias muy animadoras y verdaderos progresos en nuestra vida. Digamos con frecuencia: «Jesús, José y María, iluminadnos lo que debemos decir, hacer y evitar, y haced que lo digamos, hagamos y evitemos».

Si esto conseguimos, ¡todo mejorará en nuestra vida!

Más amigos conseguimos en un mes interesándonos por los demás que en un año tratando que los demás se interesen por nosotros.

(Carnegie)

85 Preguntarse: ¿Qué me quiere enseñar esto? ¿Qué bienes me puede traer?

Uno de los métodos espirituales más provechosos para adquirir la paz del espíritu y no vivir disgustados contra lo que sucede cada día, consiste en preguntarse frecuentemente: ¿Y esto que ha sucedido o está sucediendo **qué me puede enseñar? ¿Qué ventajas podré sacar de esto?**, en vez de vivir encaprichándome en que la vida tiene que ser y suceder como a mí se me antoja, y no como sucede en realidad. Porque buena parte de nuestras tristezas interiores y de nuestros disgustos diarios se deben al deseo de que la vida sea distinta de como es en realidad.

Las cosas son como son y no como quisiéramos que sean. Algunas veces, y más de las veces que deseamos, la vida no es como a nosotros nos gustaría que fuese, sino algo muy distinto. Ella es como es, y no como a nosotros se nos antoje que debería ser. Y en cuanto mayor sea la aceptación de lo que sucede cada día y cada hora, tanto mayor será nuestra paz mental y la propia tranquilidad.

Las dos voluntades. Decía San Francisco de Sales que cuando ponemos la propia voluntad paralela a la voluntad de Dios, aceptando lo que Él permite que suceda, hacemos así una escalera para subir muy alto en santidad y en tranquilidad. Pero cuando oponemos nuestra voluntad a la de Dios y rechazamos lo que en su sabiduría y bondad permite que suceda, entonces con esas dos voluntades atravesando la una contra la otra, fabricamos una cruz y nos amargamos la vida y perdemos muchos premios que podríamos ganar si aceptáramos con paciencia que la vida sea como el buen Dios ha permitido que sea y no como a nuestros caprichos se les ocurra que debería ser.

La pregunta saludable. Cuando nos sucede algo desagradable, por ej. una respuesta dura de alguien, una reacción exagerada de un familiar, una desobediencia que nos hacen, el rechazo a una idea que habíamos propuesto, el fracaso de un proyecto en el cual habíamos estado trabajando, una pérdida económica, una falla en la salud, una amistad que se pierde o que se enfría hacia nosotros, una demora en la obtención de algo que esperábamos para muy pronto, etc., etc., preguntémonos: «**¿Qué bueno querrá Dios sacar de todo esto?** ¿Qué lección podré aprender en este caso? En lugar de sentirse fracasado o dedicarse a lamentarse y a protestar y murmurar, pensar descansadamente: «Si el buen Dios permitió que esto me sucediera, ¿no será que con esto me quiere enseñar algo? ¿No podré obtener alguna ganancia espiritual de lo que me está sucediendo? Y tendremos que exclamar con el patriarca José en Egipto cuando les comentaba a sus hermanos por qué Dios había permitido que a él lo vendieran como esclavo y lo echaran injustamente a la cárcel: **«Para bien de nuestras vidas y de nuestras almas permitió Dios estos hechos dolorosos que sucedieron»** (*Génesis* 45).

No es fatalismo. Este modo de comportarse **no es pasivismo** que no hace nada por remediar lo desagradable que sucede, ni es fatalismo que se imagina que lo malo que sucede no tiene remedio. No es decir que nos gustan las cosas amargas que suceden. Eso sería «masoquismo» o gusto por ser atormentado. Es sencillamente reconocer que el hecho de que las cosas no sucedan como nosotros las habíamos planeado y deseado, ello no significa que no estén sucediendo para nuestro bien. **Si logramos aprender algo de cada suceso desagradable** que nos va llegando, pronto descubriremos que muchas de las cosas que siempre nos habían disgustado dejarán de ser molestas para nosotros, y aceptaremos el hecho de que la vida no suceda según lo habíamos planeado.

No lucha sino aceptación. Si nos oponemos sistemáticamente a aquello que no sucede según nuestros planes, la vida se nos convierte en una continua batalla en la cual tratamos de devolver airadamente todos los golpes que recibimos. Pero si tratamos de aceptar en cada momento lo que está sucediendo, la vida se nos llena de paz y de sensaciones agradables. Empecemos por experimentar este método con algunas de las pequeñas contrariedades que se nos van presentando. Y gradualmente iremos aprendiendo a enfrentar de esa misma manera a las penalidades mayores que nos puedan llegar. Será un cumplir la recomendación de Jesús: «El que quiera ser mi discípulo que **acepte su cruz de cada día».** Y después de la cruz, llegarán necesariamente la gloria y la resurrección.

Si aceptamos de Dios
los bienes que nos envía,
¿Por qué no aceptar también
los males y disgustos que
permite que nos sucedan?.

(Patriarca Job)

86

No meterse en el campo ajeno

En el libro *Cantar de los Cantares* existe esta exclamación: «**Por dedicarme a campos ajenos descuidé mi propio campo, que era el que tenía que cuidar**». Esto nos ha sucedido a todos muchas veces durante la vida. Ya tenemos bastante que sufrir y que preocuparnos al enfrentarnos a nuestros propios problemas, a las tendencias mentales que nos asaltan, a las complicaciones de la vida real, a los malos hábitos, y a los temores y pequeños disgustos de cada día, en lo cual nos resulta bastante difícil lograr mantener la serenidad. Pero si a todo eso le sumamos el meternos en los problemas de otras personas y en afanarnos por buscar soluciones que no nos han pedido, ahí sí que la meta de lograr ser alegres, pacíficos y llenos de paz, se vuelve prácticamente imposible de conseguir.

Malos resultados. Cuando nos ponemos a decir o a pensar: «Si yo fuera esa persona no haría eso», o «No puedo creer que haya hecho algo así», o «¿En qué estará pensando ese individuo?», el resultado de este meternos en la vida de los demás será frecuentemente que nos sintamos frustrados, desilusionados, molestos, irritados, preocupados por cosas que no solamente no podemos solucionar sino que de ninguna manera estamos obligados a resolver nosotros.

Un buen cambio. No se trata de volvernos totalmente indiferentes ante todos los males, sino que en aquello que no podemos remediar o que no nos incumbe y no nos pertenece intervenir, dejemos de meternos o de tratar de querer arreglarlos. Muchos de nosotros hemos hecho el ensayo de estudiar bien y despacio en qué casos sí podemos ayudar y **cuándo no meternos en lo que no cabemos.** Y hemos dejado de intervenir e intentar resolver problemas que nadie nos había pedido que resolviéramos, porque nos hemos dado cuenta de que en estos casos nuestros esfuerzos resultaban inútiles, y que casi nunca eran apreciados y a veces hasta creaban resentimientos. Y desde que hemos logrado dejar de meternos en lo que no cabíamos y de no vivir preocupados por demasiadas cosas que ni podemos resolver ni nos corresponde a nosotros solucionar, nuestra vida se ha vuelto mucho más pacífica y sencilla. Ahora no andamos entrometiéndonos en donde no nos han llamado y en cambio estamos más disponibles para ayudar cuando nos lo pidan o nos necesiten de verdad. Ojalá otras personas traten de hacer también este ensayo. Verán cuánto ganan en paz y en felicidad.

Dedicarse a la propia parcela. Se llama parcela propia aquel pedacito de terreno que cada cuál tiene para cultivar. Cuando alguien se dedica con esmero a ocuparse de sus propios asuntos, evitando la tentación de dedicarse a solucionar los problemas de otras personas, cuya solución no le han pedido, y quizás no está en sus manos conseguir, evita muchas preocupaciones inútiles y graves errores. Si se propone no entrometerse en asuntos ajenos que no le han sido encomendados, evitará vivir murmurando de los otros y juzgando vidas ajenas. **«Agua que no has de beber, déjala correr»,** decían los antiguos. Y es que sucede muchas veces que quien se dedica a juzgar y condenar las actuaciones de los demás y a querer encontrar soluciones para problemas ajenos que no sean de su incumbencia, frecuentísimamente descuida su propio comportamiento y por tratar de llevar el regadío de las soluciones a terrenos ajenos, se le mueren de sed las plantaciones espirituales de su propia vida.

Tratar de enmendarnos. Cuando nos sorprendamos a nosotros mismos metiéndonos en donde no nos corresponde y juzgando y condenando vidas ajenas y buscando soluciones que no nos han sido pedidas, tengamos la suficiente humildad para reconocer que estamos perdiendo tiempo actuando de esa manera y retrocedamos. Veremos que **en menos de nada habremos dejado libres toneladas de energía** que podremos emplear luego en concentrar la atención en nuestros problemas y en tratar de resolverlos. Así habremos evitado el convertirnos en jueces de los demás, y en fabricantes de soluciones que la gente no nos ha pedido ni nos va a aceptar, y tendremos el gusto a la hora final de nuestra existencia terrenal de que por no haber juzgado ni condenado a los otros, tampoco nosotros seamos juzgados o condenados por Dios.

Cada día pidamos al Espíritu Santo el don de la simpatía.

(Mensaje desde Roma)

87 Dedicar algún tiempo al trabajo interior

El gran místico y formador de santos, San Juan de la Cruz, decía: «Piensen aquellos que se dedican con gran ardor a las labores externas, cuánto mayor bien harían y cuánto progresarían en santidad y en felicidad, si en vez de gastar todo su tiempo en sólo labores exteriores, dedicaran unos minutos cada día a lo interior, a lo espiritual, a lo que se refiere al espíritu. Porque si no lo hacen así, sus labores serán inútiles como arar en el mar y sembrar en el viento, y pueden hacer más mal que bien».

Un principio económico. En la economía existe un principio básico de gran importancia: **hay que dedicarse a pagar primero las deudas de uno mismo,** que a ayudar a pagar las deudas de los demás. Los campesinos se preguntan: ¿de qué me sirve a mí que el río se precipite impetuoso por una cascada, si mientras tanto mi huerta se muere de sed por falta de riego? Mi primer prójimo por el cual tengo que preocuparme soy yo mismo.

Un gran descubrimiento. Muchos hemos descubierto que si dedicamos un rato cada día, como si se tratara de una verdadera consulta, a averiguar en qué estamos fallando, en qué podremos progresar y qué podremos hacer para ser mejores y dejar de cometer ciertos errores, nuestros progresos espirituales resultan verdaderamente consoladores. Fue lo que hizo Benjamín Franklin, el famoso personaje norteamericano, el cual cuando comenzó a dedicar día por día unos minutos a analizar en qué había fallado, en qué había progresado y qué propósitos de enmienda y de perfeccionamiento podía hacer, descubrió que desde entonces adelantaba en un día más que antes en un mes, cuando solamente se dedicaba a lo exterior, y no a meditar en lo interior, en su espíritu.

Buen experimento. En todos los países del mundo son millares y decenas de millares los individuos que experimentan cada día **lo admirablemente provechoso que es levantarse cada mañana unos minutos antes de lo acostumbrado** (aunque los primeros días parezca duro y difícil, pero después se volverá fácil y agradable) y dedicar esos minutos a leer, rezar, reflexionar, meditar, hacer ejercicios de respiración y un poco de ejercicio físico. Es importantísimo programar un rato de cada uno de nuestros días para estas actividades. Conseguiremos ganancias espirituales que jamás habíamos calculado ni imaginado.

Un caso extraordinario. Es curioso advertir que el personaje que más grandes triunfos y realizaciones ha obtenido en la historia de la humanidad, Nuestro Señor Jesucristo, dedicaba largos ratos y a veces noches enteras a meditar y a orar, y después los resultados que conseguía con sus predicaciones y sus actuaciones eran impresionantes. Apartaba tiempo para hablarle a Dios acerca de los seres humanos, y luego cuando se dedicaba a hablarles a los seres humanos acerca de Dios los conmovía y convertía. ¿Lo imitaremos también en esto de vez en cuando? ¿Cuántos minutos de cada día dedicaremos a meditar, reflexionar, orar y examinar nuestras actuaciones? ¡Dios nos ilumine!

Un peligro. Dicen los maestros de espíritu que nuestro gran peligro es convertirnos **en taxis** que viajan de acá para allá a toda hora, pero no piensan ni reflexionan ni oran, o **en balones,** que se mueven de lado a lado llevando sólo un poco de viento encerrado en un envoltorio de cuero. No olvidemos el lamento del profeta: **«El gran mal de mi pueblo es que no dedican tiempo para reflexionar y pensar».** ¿Se nos podrá aplicar esto?

El primer prójimo. Jesucristo mandó que amemos al prójimo, al próximo. Pero nuestro primer prójimo somos nosotros mismos. Si no pensamos en nuestro progreso espiritual, en nuestras propias fallas, en hacer proyectos para mejorar el propio comportamiento, ¿cómo podremos decir que nos amamos a nosotros mismos? Dice Jesús que al prójimo hay que amarlo como nos amamos a nosotros mismos. ¿En verdad nos amamos a nosotros mismos dedicando buen tiempo a perfeccionarnos y a corregirnos? ¿O nos descuidamos y no tratamos de perfeccionarnos cada día? Dios nos inspira la respuesta a tan importantes preguntas.

Existe un libro sanamente extremecedor que ha cambiado y convertido a muchos pecadores. Se titula:

PREPARACION PARA LA MUERTE Y LA ETERNIDAD,

de San Alfonso

88

Vivamos este día como si fuese el último de nuestra existencia. ¡Puede serlo!

Lo impensado. Jesús narra en el Evangelio el caso de un hombre sumamente rico que al recibir una abundantísima cosecha de sus haciendas, en vez de pensar en ayudar a los pobres, dar de comer a los que tenían hambre y socorrer a los necesitados, lo que pensó, lleno de salvaje egoísmo, fue ensanchar sus graneros y depósitos para guardar allí todo lo cosechado y dedicarse luego a comer, a beber, a dormir y a pasarla sabroso y bien. Pero Dios le dijo: «Necio e imprudente. Esta misma noche tendrá que morir y dar cuenta de todo. Y todo lo que guardó y amontonó, ¿para quién va a ser?». Y añade el Divino Maestro: «Eso les va a suceder también a quienes amontonan toda su riqueza para ellos solos y no se preocupan por ser ricos en buenas obras, delante de Dios (Luc. 12).

La exclamación de los cartujos. Dicen que en la antigüedad los monjes cartujos (esos monjes que casi nunca hablan ni comen carne ni beben vino, como penitencia) cada noche antes de irse a acostar iban al amplio patio del convento, que era también cementerio, a sacar cada cuál una palada de tierra de su futura sepultura, y mientras cavaban iban repitiendo a coro estas frases: «Yo he de morir / yo no sé cuándo / yo he de morir / yo no sé dónde / yo he de morir / yo no sé cómo / pero lo que sí sé de cierto / es que si muero en enemistad con Dios / me condenaré para siempre». Y esto les conmovía y los animaba a vivir siempre en buenas relaciones de amor y de amistad con el Divino Juez que nos va a juzgar en el momento de la muerte.

Una pregunta. Cuando escuchamos la noticia de fulano o mengano que mueren repentina e inesperadamente, nos podemos preguntar: ¿al salir de casa sí les habrá dicho a sus familiares que los quería? ¿Vivió bien, según los mandamientos de Dios? ¿Supo compartir sus bienes con los necesitados, su tiempo con sus familiares, sus cualidades con las personas que trataba? ¿Al morir estaría en gracia de Dios, sin pecado grave en su alma, en buenas relaciones de amistad con el Divino Juez? ¿Demostraba a los demás que los amaba y los estimaba? Tal vez lo único seguro es que todavía tenía en su carpeta de «asuntos pendientes» muchas cosas que pensaba hacer y que no logró acabar.

Otra interrogación. Un día el gran sabio San Roberto Belarmino se encontró en el patio en pleno recreo con su virtuoso discípulo, el joven San Luis Gonzaga, que jugaba alegremente con sus compañeros, y le preguntó: «Luis, si en este momento le avisaran que dentro de una hora se iba a morir, ¿qué haría?» Y el santo joven le respondió: «Padre, yo seguiría jugando, porque eso es lo que el reglamento y mi deber me mandan que yo haga ahora en este momento». Si a alguno de nosotros nos comunicaran esta misma noticia, ¿seguiremos haciendo lo que estamos haciendo, comportándonos como nos estamos comportando? ¿Podremos estar seguros de que las cuentas de nuestra conciencia están en regla y bien preparadas para presentarlas ante Dios Santísimo, que nos dará sentencia para toda la eternidad? Si no estamos bien preparados empecemos a prepararnos bien.

Algo lamentable. Lo peligroso es que algunos de nosotros obramos como si fuéramos a vivir eternamente en esta tierra. La muerte (que usa zapatillas de lana para que no se escuchen sus pasos) se vino ya a llevarnos, está preguntando de ventana en ventana dónde es que vivimos, ¿y nosotros tan indiferentes? Posponemos las cosas buenas que debemos hacer. Dejamos para más tarde la ayuda a los necesitados, la visita al enfermo, el ponernos en paz con Dios por medio de una buena confesión, el tratar de demostrar al que nos ofendió que no le guardamos rencor, el empezar a leer una página de la Sagrada Escritura o de un buen libro religioso cada día, el dedicar algunos minutos diariamente a meditar y reflexionar, el escribir aquella carta afectuosa y llena de gratitud que alguien está esperando, el hablar algo acerca de Dios y del alma a una persona que lo está necesitando, el regalar o prestar un libro espiritual. Exponemos excusas (que muchas veces son mentiras disfrazadas) para tratar de justificar nuestra demora en hacer lo bueno que deberíamos hacer ya, y gastamos más tiempo y energías en hacer cosas que al fin y al cabo no son tan importantes, y dejamos de hacer las que más alegrías y premios nos podrían conseguir para la eternidad feliz.

Consejo final. Terminemos este libro recomendando que vivamos cada día como si fuera el último de nuestra existencia sobre la tierra. La vida terrenal y el destino que nos espera en la eternidad son demasiado importantes como para que no los tomemos en serio. Jesús decía: **«Estén preparados, porque a la hora que menos piensen vendrá el Hijo de Dios a tomarles cuenta de sus comportamientos».** Que viviendo cada día como si fuera el último de nuestra vida, podamos decir a la hora final: «VEN, SEÑOR JESÚS». Y Él venga en verdad y nos lleve a su Reino Eterno. Me deseo y les deseo a todos mis lectores tan dichoso y agradable final.

Al final de nuestra vida cosecharemos todo el fruto de nuestras buenas obras.

(San Juan Bosco)

En un LIBRO FACIL,
AMENO, AGRADABLE, titulado:

"¿QUIERE SER FELIZ?",

encontraremos las más eficaces técnicas
para obtener la verdadera alegría.

P. Eliécer Sálesman

El Padre Pío

El de las Cinco Heridas de Cristo

El fundador de los Grupos de Oración

El Padre Pío

LA BIOGRAFÍA MÁS FAMOSA DE LA ACTUALIDAD:

EL PADRE PÍO, EL DE LAS CINCO HERIDAS DE CRISTO.

Una lectura que impresiona a todos y conmueve hasta a los más indiferentes. La recomendamos.

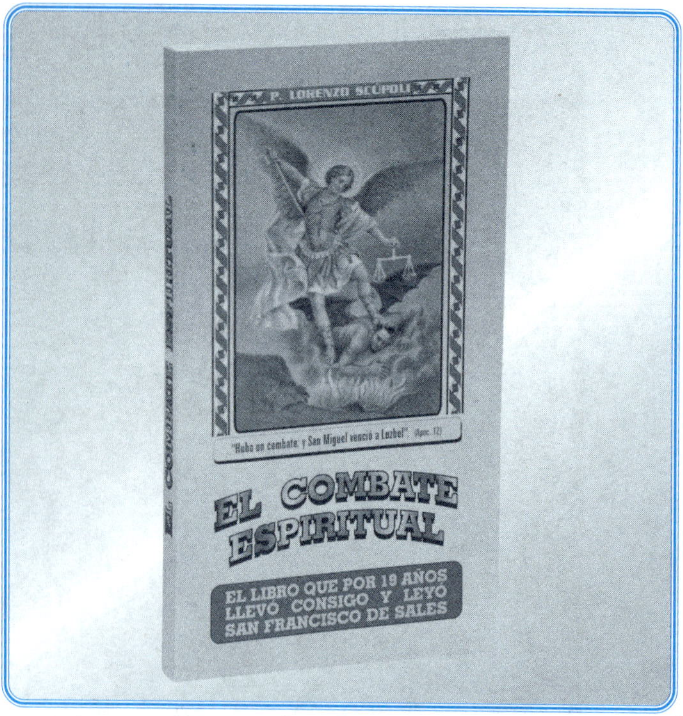

UN LIBRO PEQUEÑO PERO QUE TRANSFORMA EL CARACTER DE LAS PERSONAS.

Se titula:

EL COMBATE ESPIRITUAL.

El libro que por 18 años llevó consigo el gran apóstol San Francisco de Sales.

INDICE

Prólogo		3
1	Muchas cosas que nos hacen sufrir son pequeñeces	7
2	No sea perfeccionista	9
3	Abandonar la idea de que los pacíficos y amables no pueden llegar a ser triunfadores...	11
4	Convencerse de lo peligrosos que son los pensamientos negativos	13
5	Aprenda a compadecerse de los demás	16
6	Recuerde que cuando usted se muera puede tener todavía muchas cuestiones pendientes...	18
7	No interrumpir a los demás ni completar sus frases	21
8	Hacer algo bueno por otra persona y no contárselo a nadie	24
9	Callar y dejar que los otros se lleven la gloria.	27
10	Aprender a vivir el momento presente	31
11	Imaginemos que los demás son unas "buenas personas"	34
12	Permitamos que los otros tengan razón	37
13	Tratar de ser pacientes	42
14	Aprender a saber aguantar	45
15	Ser el primero en actuar afectuosamente y tender la mano	48

16 Hacerse una pregunta: ¿tendrá esto importancia dentro de cinco años? 50
17 Aceptar que la vida no es como nos parece que debe ser 52
18 Estarse un rato sin pensar en nada 56
19 Cuidado con el estrés 59
20 De vez en cuando escriba una carta amable . 61
21 Imaginémonos que estamos asistiendo a nuestro propio funeral 64
22 Repitamos frecuentemente: "la vida no es una emergencia" 68
23 Utilicemos el sistema del fuego lento 72
24 Dedicar un momento del día a pensar en alguien a quien debemos dar las gracias 75
25 Sonreír. Mirar a los ojos. Saludar 78
26 Dedicar unos minutos al silencio 82
27 Procuremos comprender primero 85
28 Aprender a escuchar 89
29 No convertir cualquier tontería en una pelea... 92
30 No dejarnos llevar por los momentos 96
anímicos negativos 99
31 La vida es una oportunidad 101
32 No somos más porque nos alaben, ni menos porque nos critiquen.................. 101
33 Practicar actos de amabilidad pero ahora mismo 107
34 Ver el bien y no el mal en los demás 110
35 Siempre es preferible ser amable que tener razón 113

36 Demostrar ahora nuestro afecto y aprecio y no dejarlo para después 116
37 Practiquemos la humildad 118
38 Cuando haya que sacar la basura, saquémosla nosotros 121
39 No continuar siendo perfeccionista 124
40 Pensar en alguien que nos ha hecho algún favor 127
41 Aprender antropología, o sea el arte de comprender al ser humano 130
42 Cada día digamos a alguna persona algo que apreciamos en ella o que nos agrada en su comportamiento 133
43 Quítele el NO al NO puedo 136
44 En todas las cosas veamos la presencia de Dios 139
45 Resistamos al deseo de criticar 143
46 Escribamos nuestras cinco posturas más inflexibles y miremos si podemos suavizarlas.. 146
47 Mostrémonos de acuerdo con las críticas que nos hacen y ellas irán desapareciendo ... 150
48 Busquemos lo que puede haber de acertado en las opiniones de los demás 154
49 Aceptemos la realidad. Vayamos a donde vayamos, siempre nos llevaremos a nosotros mismos 157
50 Respiremos antes de hablar 160
51 Mostrémonos agradecidos cuando nos sintamos bien y también cuando nos sintamos mal 163

52 Hay que convertirse en un conductor menos agresivo 166
53 Hay que relajarse 169
54 Convirtamos los melodramas en microdramas 172
55 Al leer artículos que van contra nuestras opiniones pensemos qué razones tendrán para pensar de esa manera 175
56 Hacer una sola cosa cada vez 178
57 Contar hasta diez 181
58 Practicar la posición de estar en «el ojo de la tormenta» 184
59 Seamos flexibles para aceptar que nuestros planes se trastornen y cambien 186
60 Pensemos en lo que tenemos, en vez de vivir pensando en lo que deseamos tener 189
61 Echemos a un lado los pensamientos negativos 192
62 Tratemos de aprender de los amigos y familiares 195
63 Ser felices donde estamos y como estamos .. 199
64 Recordemos que nos convertimos en aquello que más practicamos 203
65 Relajemos nuestra mente 207
66 Hagamos un acto de voluntariado o de servicio humilde cada día 211
67 Hacer favores y no pedir ni esperar recompensa 215
68 Pensemos en nuestros problemas como en nuevas posibilidades que se nos presentan .. 219

69 Aprender a vivir con la incertidumbre e inseguridad acerca del mañana y del futuro .. 222
70 Aceptarse cada uno como es 225
71 Concederse un respiro 228
72 Dejemos de culpar a los demás 231
73 Intentemos ser serviciales aunque sea en pequeñas cosas 234
74 A pesar de todo... estar siempre alegres 238
75 No discutir sino comprender 242
76 Analicemos y rectifiquemos nuestros ideales 246
77 Escuchar la voz de alarma 250
78 No busquemos lo que no se nos ha perdido 254
79 Vanidad de vanidades. Todo pasa, se esfuma y se va 257
80 Llenar la vida de sanos afectos. Si amamos seremos amados 260
81 Mejorar los pensamientos 265
82 Abandonar la idea de que cuanto más se tenga mayor felicidad habrá 268
83 Preguntarse frecuentemente: ¿qué es lo más importante? 272
84 Confiemos en nuestras propias intuiciones .. 276
85 Preguntarse: ¿Qué me quiere enseñar esto? ¿Qué bienes me puede traer? 280
86 No meterse en el campo ajeno 284
87 Dedicar algún tiempo al trabajo interior 288
88 Vivamos este día como si fuese el último de nuestra existencia. ¡Puede serlo! 292
Indice 296

Por favor:

NO deje este libro en su mesa o armario. Préstelo y recomiendelo a otros para que lo lean. Les hará un gran bien.